현대사회와
권리실현의 문제

갈등해결방법
모색을 중심으로

내일을여는지식 법 26

현대사회와 권리실현의 문제

갈등해결방법
모색을 중심으로

문제

| 김정수 지음

한국학술정보㈜

"社會가 있는 곳에 法이 있다."라는 격언은 법의 본질이 무엇인가를 알려 주는 법과 관련된 유명한 격언이다. 물론 각 사회의 유형에 따라 법의 내용은 다를 수 있지만, 법의 지배는 현대 입헌주의국가의 일반적인 현상이 되었다.

사람과 사람 사이의 법적 관계를 규율하는 규범을 우리는 '법'이라고 부른다. 법률관계는 관계를 맺고 있는 사람들이 서로 '권리'와 '의무'라는 연결고리로 묶여 있다고 상정하는 것이다. 여기서 권리란 상대방에게 무엇인가를 행하도록 요구할 수 있는 것을 의미하고, 의무는 상대방이 요구하는 바를 해 주어야 하는 것을 의미한다.

본서는 이와 같이 법률관계를 구성하고 있는 권리와 의무, 두 개의 중심축 중에서 최근 들어 활발한 논의가 이뤄지고 있는 '권리'에 관하여 집중적으로 조망해 보려는 목적으로 기획되었다.

우리는 21세기를 주저하지 않고 '권리의 시대'라고 부를 수 있을 것이다. 인간사회에서 이렇게까지 개인의 권리가 보장되고 보호받는 환경이 조성된 적은 인류의 역사가 시작된 이래로 처음일 것이다. 하지만 그러한 권리가 법적으로 구체적인 능력을 가지게 되는 맥락과 상세한 분석 없이 단순히 자신의 '권리'만을 주장하게 되면 정치적·사회적으로 많은 문제를 유발하게 된다.

　권리는 크게 법적 권리와 도덕적 권리로 나눌 수 있다. 법적 권리는 원칙적으로 실정법상의 권리를 의미한다. 전통적으로 법실증주의 입장에서는 법이 있어야 권리가 생긴다고 주장한다. 반면 도덕적 권리를 긍정하는 입장에서는, 실정법과 상관없이 도덕적 근거에 의해 권리를 주장할 수 있다고 한다. 하지만 도덕적 권리가 정당성을 얻기 위해서는 먼저 법적 권리라는 형식적 요소를 갖추어야만 한다.

　권리에 대한 논의는 다양한 해석이 가능한 개방적인 구조를 가지고 있다. 다소 추상적인 자연적 권리나 도덕적 권리에 비해 법적 권리는 보다 정확하고 명료한 성격을 가지고 있기 때문에 이를 바탕으로 다른 종류의 권리에 적용하는 방법을 선택하는 것이 더 효과적일 것이다. 따라서 권리를 분석하기 위해서는 먼저 법적 권리의 분석으로부터 시작해야 한다.

　이 책에서 다루고 있는 각 장의 내용은 다음과 같다.

　제1장에서는 먼저 법학영역에서의 권리논의 흐름에 대해 서술하였다. 법학 이외에도 여러 학문 분야에서 쓰이고 있는 권리의 개념, 법적 권리와 도덕적 권리의 차이점, 그리고 권리의 현대적 의의에 대하여 개략적으로 살펴보았다.

　제2장에서는 권리담론에 대한 고전적 논의로서, 권리의 기원이라 할 수 있는 자연권의 역사, 그리고 법적 권리를 최초로 체계적으로 분석한 미국의 법학자인 호펠드(W. N. Hohfeld)의 권리범주 분류방법과 권리분석의 의의를 살펴보았다. 그리고 호펠드 이론이 후대의 권리논의에 어떤 영향을 주었는가를 고찰하였다. 호펠드는 청

구, 자유, 권능 그리고 면제를 법적 기본개념으로 보고, 권리와 권리를 둘러싼 용어들의 개념적 차이를 구별해 냄으로써 이전의 법학자들과는 달리 권리논의의 분석적 명확성을 드러내는 계기를 마련하였다.

제3장에서는 권리를 설명하고 있는 여러 이론들 중에서 가장 대표적인 학설인 의사설과 이익설에 대해 살펴보았다.

의사설에 대하여는 칸트의 의사설과 하트의 선택설을 주로 고찰했다. 하트는 현대 권리논의에 있어서 의사설을 대표하는 학자이다. 이익설에 있어서는 벤담, 맥코믹과 라즈의 이익설을 살펴보았다. 벤담의 이익설은 도덕적 권리를 배제하는 법실증주의의 경향을 띠고 있지만, 맥코믹은 아동의 권리라는 도덕적 권리의 존재를 확인하기 위하여 변형된 이익설을 취한다. 라즈는 의사설의 개인적 자율성 이론보다는 공적 자율성 안에서 보장된 개인의 행복에서 보다 완전한 권리논의의 모습을 찾고자 한다. 의사설과 이익설은 여러 가지 한계를 지닌 논의이므로 이를 보완하려는 노력들이 현대까지도 계속 이어져 왔다.

주목할 만한 현대의 권리이론가들 중 파인버그는 호펠드의 청구개념을 좀 더 발전시켜 법적 권리뿐만 아니라 도덕적 권리개념까지 설명하려고 한다. 인간으로서의 지위에서 가지는 권리의 수행적 기능을 강조하는 파인버그의 권리이론은 인권의 실현성 확보라는 차원에서 권리근거의 이념적 기초를 제공한다. 웰만은 복합적인 권리체계를 구사함으로써 보다 현실주의적이고 법실증주의적인 권리론을 펼친다. 그는 현실적인 진정한 권리와 주장된 가상의 권리를 법적 권리 모델의 기준으로 구분하였다.

제4장에서는 앞에서 행해진 권리분석과 권리논의들을 바탕으로 권리실현의 실천적 측면에 대하여 고찰하였다. 먼저 권리가 과연 다른 가치인 의무나 목적보다 더 중요한 가치인지의 문제에 대해 살펴보았다. 그리고 복수(複數)의 권리가 상호 충돌하여 갈등이 일어날 경우, 실질적으로 권리를 실현하는 데 있어서 발생할 수 있는 현실적 문제에 대하여 해결방안이 있을 수 있는지, 있다면 어떤 방법이 가능한지에 대해 생각해 보았다. 이와 관련하여 특별히 법원리와 법해석에 있어서 법원에서 실제로 적용하고 있는 이익형량 분석방법에 대해 고찰하고 새로운 이익형량방법론의 가능성을 모색해 보았다.

　자유주의 법체계에서의 권리논의의 배경에는 여러 가치관들이 복잡하게 혼재되어 있다. 권리는 그러한 복잡한 관계들의 틈새에서 표출되는 것이며, 단지 법적인 담론에서만 거론되는 주제가 아니다. 권리이론가들은 자신들의 주장에 따라 각기 다른 근거와 정당화를 제시한다. 하지만 이러한 여러 권리논의들이 인간의 실존적 삶에 어떤 기여를 할 수 있는지를 동시에 살피지 않는다면, 그것은 매우 불완전한 고찰이 아닐 수 없을 것이다.

　저자는 이러한 과정을 통해 권리, 그중에서도 특히 법적 권리를 현대사회에서 실제적으로 실천하고 행사하는 데 있어서 발생할 수 있는 권리충돌의 문제를 비례성의 원칙과 이익형량을 통해 해결할 수 있는지의 가능성을 살펴보는 데 본 연구의 의의를 두었다.

　이 책이 나오기까지는 많은 분들의 도움과 조언이 있었다. 먼저 '법학'이라는 학문의 길에 들어서도록 발걸음을 인도해 주신 김정오 교수님께 감사드린다. 학부시절, 교수님의 강의를 통해 법학에의 흥미를 느끼고 연구자의 길을 동경하게 되었다. 그리고 법을 바라보는 다양한 시각과 관점의 중요성을 알게 해 주신 이철우 교수님, 학문적으로나 인간적으로 늘 따뜻하게 대해 주시고 힘들어할 때마다 새로운 아이디어를 제공해 주신 이종수 교수님, 법학연구자로서의 기본 소양과 학술논문 작성법에 대하여 정석에 가까운 매뉴얼을 가르쳐주신 남형두 교수님, 학문하는 기본자세와 태도에 대해 나 자신을 성찰해 보도록 성실한 연구자의 모범을 보여주신 홍정선 교수님과 안춘수 교수님 등등. 연세대학교 대학원에서 수업과 개인적인 관계를 통해 삶과 학문의 큰 가르침을 주신 모든 교수님들께 지면을 빌어 감사의 말씀을 올린다.

마지막으로 이모저모로 부족한 자식을 항상 사랑과 이해로 포용해 주시는 부모님께 존경과 사랑의 마음을 전한다. 두 분의 관심과 지원이 없었다면, 이 책은 빛을 보지 못했을 것이다. 그 밖에 늘 다른 측면에서 비판적 시각을 제시하여 현실에 안주하지 않고 언제나 조금 더 분발하도록 자극과 용기를 준 누나와 대학원의 여러 동료들에게도 고마움의 마음을 표한다.

2009년 9월
김정수

목차

제1장

현대사회와 권리

권리는 현대 사회에서 가장 많이 쓰이는 용어 중의 하나이다. 이 권리개념은 우리 삶의 대부분 영역에서 널리 사용되고 있으며, 특히 법 관련 영역 그리고 정치와 도덕의 영역에서 중요하게 쓰이고 있다.

법적인 영역에서 권리는 헌법상의 기본권, 행정법상의 공권, 민사법상의 물권이나 채권, 그리고 소송법상의 절차적 권리에 이르기까지 매우 다양한 표현과 의미로 사용된다. 또한 권리개념은 이런 법제도에 의해 규율된 영역뿐만 아니라 인권 또는 자연권의 개념을 통해 바람직한 권리보호의 상을 제공하기도 하고, 이에 대한 제도적 보장을 요구하는 적극적인 모습을 띠기도 한다.

이와 같은 권리개념은 주로 근대 서구사회에서 유래하고 있으며, 역사적으로 자본주의 경제의 확장이라는 현상을 통해 전 세계로 퍼지게 되었다. 이러한 근대 서구사회의 비약적인 발전에는 개별 존재로서의 '개인의 발견'이 중요한 계기가 되었다. 근대 서구사회의 사상적 기반을 제시한 데카르트가 "나는 생각한다. 그러므로 존재 한다."(cogito, ergo sum)라고 말했을 때, 그것은 인식의 근본적 계기가 개인의 사유 능력에 있을 뿐 다른 것에는 의존하지 않는다는 뜻이었고, 독립된 사유 능력을 가진 개인은 인식과 삶의 주체로서 당당하게 나서야 한다는 것을 함축한 것이었다.

데카르트는 『방법서설』(Discours de 1a methode)에서 학문의 확실한 기초를 발견하기 위해서는 모든 인식을 뒤엎고, 의심할 이유가 있는 모든 사물의 존재를 의심하여, 다른 모든 사물은 의심할 수 있어도 그와 같이 의심하고 있는 나의 존재는 의심할 수 없다는 하나의 가설을 세웠다. 즉 사유(思惟)하고 있는 순간에 내가 존재하지 않는다고 할 수 없다는 사실이야말로 가장 확실하다고 믿고, 이 원리에서 출발하여 모든 존재의 인식을 이끌어 내려고 하였다.

이러한 인식의 변화는 근대의 '개인주의'라는 이념을 형성시키는 원동력이 되었다. 이 개인주의는 결국 개인을 기존의 제도와 관습의 틀 속에서 해방시키는 기능을 수행하였으며, 이렇게 해방된 개인은 자율적인 경제 활동을 통해 부를 축적할 수 있게 되었고, 이 부에 기반하여 새로운 정치적·경제적 역할을 담당할 수 있게 되었다. 그리고 이런 자율적인 경제활동은 자본주의의 급속한 발달을 가져왔는데, 결국 이것이 서구의 근대가 가진 힘의 근원이 되었던 것이다. 이러한 흐름 속에서 하나의 개인이 삶의 주체로서 중요한 존재가 되며, 개인의 자율적인 의사 결정이 중요한 미덕을 갖는 것이라는 생각이 중요한 의미를 가지게 되었다. 그리고 이런 개인의 존엄과 자율에 대한 생각이 바로 '권리'라는 개념을 근대적으로 형성하고 일반화하는 데 큰 기여를 하게 된 것이다. 이렇듯 자유주의 사상의 전통에서 인간의 권리는 정치적·경제적 공동체의 출발점이자 목표이며, 법질서의 근간을 이루는 이상(理想)이었다.

이전에도 권리에 대한 논의는 있어 왔지만, 20세기 중반 이후 전개되는 권리담론은 다음과 같은 특징을 보여 주고 있다고 일반적으로 평가된다.

첫째, 권리개념에 대한 상세한 분석 작업이 이루어지면서 권리와 의무 사이의 논리적 관계에 대한 세밀한 연구가 행해지고 있다.

둘째, 권리의 근거에 대한 철학적 논의가 활발하게 이루어지고 있다. 근대 이후 자연권 및 인권사상에 기반을 둔 도덕철학 및 정치철학이 확산되고, 입헌 민주적 법질서가 확립되면서 자연권과 인권의 기초에 대한 논의가 심도 있게 형성되어 왔다. 그러나 한편으로는 도덕적 상대주의 및 회의주의 진영에서의 반론 또한 적지 않아서 최근에는 인권의 보편성과 상대성을 둘러싼 도덕철학적 논쟁이 활발하게 진행되고 있다.

셋째, 권리의 가치가 여러 규범적 가치들 중에서 우선적 지위를 가지는가 아니면 권리를 이루는 배경가치에 따라서 권리의 지위나 역할이 정해지는가라는 논쟁이 진행되고 있다. 즉 권리의 근원 가치에 대한 논쟁은 자유주의, 공동체주의 등의 정치철학적 지형 위에서 새로운 모습을 보이고 있는 것이다. 이는 권리보장을 위하여 구체적으로 어떤 제도들을 구상하고 실천할 것인가를 둘러싸고 이론적인 또는 정치적인 대립이 일어나고 있는 것을 의미한다.

제1절 법학영역에 있어서의 권리논의

권리개념은 법학의 핵심적인 용어로 사용되고 있으나 이에 대한 일반적인 연구는 아직까지 단편적으로만 이루어지고 있는 형편이다. 그나마 권리를 법체계의 핵심으로 삼고 있는 민법 분야에서 권리개념에 대한 간단한 소개가 교과서에 몇 줄 실려 있는 정도이다. 형법 분야에서는 권리에 대한 논의가 거의 없다. 일찍이 범죄의 본질을 권리침해가 아니라 법익침해로 본 이후로 형법에서는 법익(法益)이 중요한 개념으로 자리 잡았기 때문이다. 헌법에서도 기본권을 논하면서 그것이 인권과 자연권으로부터 유래되었다는 역사적 전개를 논할 뿐, 기본권의 개념에 대한 특별한 논의를 하고 있지는 않다고 볼 수 있다.

이상과 같이 법학계에서 행해지는 권리개념에 대한 논의들은 그 권리가 법에 의해 부여된, 그리고 법에 의해 보호되는 실정법적 권리들에 한정되어 있다. 또한 그 실정법적 권리들은 어떤 실정법 영역에서 부여되는가에 따라 다양한 특징을 갖기도 한다. 그러나 권리라는 개념이 하나의 담론으로 사용되는 현상은 단지 법적인 측면에만 국한되는 것은 아니다. 즉 권리는 법적인 의의 이외에 도덕적·정치적 의의를 가지고 있는 개념인 것이다. 그리고 이런 비법적인 측면은 법적인 측면과 상호 교섭하고 변화시키는 나름의 기능을 수행하고 있다. 따라서 법학에서 논의되어야 할 실정법적 권리에 대한 이해는 순전히 법학의 테두리 내에서 해결될 문제만은 아니다. 그런 의미에서 권리개념에 대한 기초 연구는 단순히 법학 영역에서만 다루어져야 할 사항은 아니며, 보다 철학적인 기반 위에서 행해져야 할 필요가 있다.

그렇지만 그동안 우리나라의 법학계에서는 권리에 대한 연구가 거의 없었으며, 외국의 논의들을 소개하고 있는 데 그치고 있는 실정이다. 이에 반해 국외에서는 20세기에 들어 권리담론이 중요한 담론으로 등장하면서 권리에 대한 논의가 활발하게 진행되어 왔다. 이런 현상에는 권리가 원래 법학의 핵심 개념이라는 점도 작용하였지만, 그 밖에도 두 차례의 세계대전 등으로 인해 인간성이 말살되는 끔찍한 사건들을 목격하면서 다시금 인간의 존엄과 그 표현으로서 인권과 자연권에 대한 관심이 높아지게 되었으며, 그렇게 높아진 인권과 자연권에 대한 관심이 권리에 대한 관심으로 확장되었다는 점도 간과할 수 없을 것이다.

또한 방법론적으로, 20세기 들어 개념(概念)에 대한 분석적 방법론이 유행하게 되면서 개념에 대한 연구가 중요한 철학적 대상이 된 것과도 밀접한 관련이 있다고 볼 수 있다. 분석적 방법론을 선호하는 사람들은 이런 개념에 대한 분석적 작업을 통해 대상의 본질을 보다 분명하게 이해할 수 있고, 혼란된 개념 이해로 인해 야기되는 많은 불필요한 시간과 비용의 낭비를 줄일 수 있다고 생각했던 것이다. 이런 분석적 방법론은 일상 언어 분석과 개념이 놓이는 맥락에 대한 관심을 기울인 하트에게서 중요한 법철학적 방법론으로 자리 잡게 되었다.

하트(H. L. A. Hart)는 특히 권리를 전통적인 의사설의 측면에서 이해하고 주장하였는데, 맥코믹(N. MacCormick)과 라즈(J. Raz)는 이에 대해 이익설을 주장하면서 하트의 견해에 반박하고 나섰고, 이후로 이 논쟁은 영미를 중심으로 아직까지도 계속되고 있는 상황이다.

권리의 존재기준을 정하는 문제는 크게 네 가지 차원의 문제로 나타난다. 첫째, 무엇에 대한 권리인가를 확인하는 권리의 내용(content)의 문제이다. 이는 주장된 권리가 현재의 관행체계 안에서 정초할 수 있는가의 문제로 나타난다. 둘째, 권리의 범위(scope) 문제이다. 이는 다시 권리의 주체(subject)와 객체(object)라는 하부구조의 문제로 제기된다. 이렇게 권리의 존재기준을 정하는 내용, 범위, 주체 그리고 객체라는 차원 이외에도 권리가 어느 정도 존중될 수 있는가 하는 강도(strength)의 문제가 제기된다. 권리들은 서로 경합하고 충돌한다. 그 충돌을 극복하고 하나의 현실적인 권리 승인을 획득하는 문제는 어느 권리가 어느 정도의 존중을 획득하는가의 문제로 제기된다.

역사적으로 볼 때 권리는 다양한 모습으로 전개되어 왔는데, 우리는 경험적으로 권리의 종류를 크게 법적 권리와 도덕적 권리로 분류할 수 있다. 이 중에서 권리의 내용, 주체, 객체, 강도라는 네 가지 차원에서 권리의 존재조건을 검증할 때, 가장 확실하게 권리의 존재성을 갖춘 것은 법적 권리이다.

이하에서는 본격적으로 권리에 대한 논의를 시작하기에 앞서 먼저 법적 권리와 도덕적 권리를 구별해 보고, 그 개념과 성질에 대해 간략하게 살펴보겠다.

I. 법적 권리

법적 권리에 관해 논의할 때, 우선은 실정법적 근거에 따른 법적 권리의 존재조건을 고찰해야 할 것이다. 그러나 법적 권리체계를 실천적인 논의체계로 구성할 경우에 일정한 도덕적 권리들도 법원리로 편입될 수 있다는 점을 유의할 필요가 있다. 왜냐하면 구체적 법적 권리의 창출과 정당화 과정은 기본적 · 도덕적 권리의 제도화 과정일 수도 있기 때문이다.

법규범의 존재조건에 대한 법철학적 탐구는 하트와 라즈가 제기한 승인의 규칙이나 원천테제(sources thesis)에 관한 논의이다.[1] 하트에 의하면 법규범은 일차적 규칙과 이차적 규칙으로 구성된 체계이다.[2] 일차적 규칙은 개인의 행동을 규제하는 규칙이다. "사람들은 원하든 원하지 않던 어떤 행위를 하거나 하지 말아야 할 것이 요구된다."[3] 일차적 규칙은 의무를 부과한다. 이차적 규칙은 공적 · 사적 권한을 부여한다. 일차적 규칙은 물리적 활동이나 변화를 포함하는 행동에 관련이 있고, 이차적 규칙은 물리적 활동이나 변화뿐만 아니라 의무의 창설과 변동에 관계한다.

---

1) J. Raz, *The Authority of Law: Essays on Law and Morality* (Clarendon Press, 1979), p.37.
2) H. L. A. Hart(오병선 옮김), 『법의 개념』 (아카넷, 2001), pp.105 – 106.
3) Hart, 『법의 개념』, p.107.

일차적 규칙은 쉽게 말해 관습의 형태이다. 그러나 일차적 규칙만을 가지고 생활하는 사회는 여러 가지 결함을 드러낸다.[4] 이러한 결함은 이차적 규칙에 의해 보완된다. 이런 결함의 보완은 바로 법 이전의 세계에서 법적 세계로의 발전을 나타낸다. 불확정성에 대한 구제책은 '승인의 규칙'(rules of recognition)이다. 이것의 가장 쉬운 예로는 불문의 규칙을 문서화하는 것이다. 규칙의 존재에 대한 의문을 처리하는 적절한 방법은 문서에 준거하면서 이를 '유권적'(authoritative)인 것으로 인식하는 것이다. 승인의 규칙은 유권적인 표지를 도입함으로써 미숙한 형태일지라도 법체계의 관념을 만들어 낸다. 일차적 규칙의 정적인 특성에 대한 구제책은 '변경의 규칙'(rules of change)이다. 즉 입법부의 법률의 제정과 폐지가 여기에 해당한다. 분산된 사회적 압력의 비효율성에 대한 구제책은 '재판의 규칙'(rules of adjudication)이다. 이 재판의 규칙은 일차적 규칙이 위반되었는가에 대한 유권적인 결정을 내린다. 또 재판의 규칙은 무엇이 규범인가에 대한 유권적 결정을 내린다. 따라서 "관할권을 부여하는 규칙은 승인의 규칙이 될 수 있고, 법원의 판결을 통해 일차적 규칙을 확인하고 그러한 판결은 법의 원천이 될 것이다."[5]

또한 승인의 규칙은 법체계 내부의 다른 규칙의 효력 여부를 평가해 준다는 점에서 궁극적인 규칙이라고 할 수 있다. 이는 결국 법체계가 관행의 체계임을 말해 주고 있는 것이다. 승인의 규칙은 복잡하나 정상적이고 조화적인 관행으로서만 존재한다. 하나의 권

---

4) Hart, 『법의 개념』, pp.120-123. 이러한 결함을 하트는 규범의 불확정성(uncertainty), 정적인(static) 특성, 그리고 비효율성(inefficiency)으로 표현한다.

5) Hart, 『법의 개념』, p.127.

리의 존재조건은 여러 집단적 결정의 산물이기 때문에 형식적인 측면을 가지게 된다. 그리고 법체계를 창출하고 유지하는 사회적 관행 및 그 체계의 규범에 의하여 부여된 권리들은 관행이 된다. 이는 법규범이 관행적 규범이라는 의미이고, 법적 권리가 관행적 권리라는 것을 의미한다.

II. 도덕적 권리

도덕적 권리[6]는 그 사회 안에 구체적인 도덕적 관행규범이 있는 경우에만 부여될 수 있다는 점에서 실증적 도덕적인 권리가 된다. 한 사회의 관행적 도덕은 그 자체로 도덕적 권리의 존재조건이 된다. 이 도덕적 관행들은 그 구성원들에게 권리를 부여하고 의무를 부과한다. 우리는 도덕적 관행들 속에서 도덕적 권리의 부여와 의무의 부과라는 일차적 규범을 발견할 수 있다. 사회적 실증도덕은 그 사회의 문화적 규범체계와 비슷하지만 그것은 또한 법체계의 포괄성을 공유하기도 한다.

따라서 우리는 도덕적 권리라고 하였을 때, 그 안에 두 가지의 관념이 있다는 것을 알 수 있다.[7] 경험적인 차원의 도덕적 권리와 비판적인 측면에서의 도덕적 권리가 그것이다. 전자는 실증적 도덕상의 권리문제이고, 후자는 비판적 도덕의 권리가 될 것이다. 도덕성에 대하여 실증적으로 관심을 기울인다는 것은 사람들이 믿는

---

6) 도덕과 권리의 관계에 관해 자세하게 정리하고 있는 논문으로 최봉철. "도덕과 권리", 『법철학연구』 제7권 제1호 (2004), pp.273-292.

7) P. Jones, *Rights* (Macmillan, 1994), p.46. 이 둘의 구분은 다른 내용을 가진 두 개의 도덕성을 말하는 것이 아니라 도덕성에 대한 두 개의 다른 종류의 관심을 의미하는 것이다.

바가 옳은가 그른가에 관심을 두는 것이고, 비판적으로 관심을 기울인다는 것은 무엇이 옳고 그른가에 대하여 관심을 기울이는 것이다.[8]

그렇다면 도덕성이란 무엇인가? 그것은 엄밀하게 말해 그 사회의 실증적이고 관행적인 도덕성을 의미하는 것이지 옳고 그름의 판단 기준은 아닐 것이다. 왜냐하면 도덕적 신념은 한 사회의 구성원들이 가지는 것이기 때문이다. 따라서 도덕적 권리를 확인하는 작업은 법적 권리처럼 경험적 확인의 문제이다.

관행적 권리로서의 도덕적 권리는 도덕적 힘 내지는 규범력을 가진다. 하나의 사회구성원의 행동이 그 관행적 도덕의 영역 안에 들어오면 그 도덕적 권리는 법적 권리만큼이나 규범적인 효력을 가지게 된다. 도덕적 권리는 법으로 인정되는지의 여부와 상관없이 다른 사람들 또는 국가에게 의무를 부과할 것을 주장할 수 있는 정당한 권한이다. 내가 권리를 가지고 있다는 것은 곧 내가 남 또는 국가에게 그에 상응하는 의무를 부과할 수 있는 권한을 가지고 있음을 떳떳하게 주장할 타당한 근거가 있다는 것이다.[9]

법적인 권리의 특징은 권리의 주체가 다른 사람들 또는 국가로 하여금 자신의 권리에 대응하는 의무를 이행하게 하는 권능을 가지며, 그리고 이 권능이 국가의 강제력으로 보장되어 침해될 경우 재판을 통해서 구제받을 수 있다는 데 있다.[10] 따라서 이러한 권리

---

8) 도덕적 권리의 이러한 두 가지 측면을 웰만은 moral rights와 morality rights로 구분한다.
9) J. Feinberg, *Rights, Justice, and the Bounds of Liberty: Essays in Social Philosophy* (Princeton University Press, 1980), pp.143 - 144.
10) J. Raz, *Ethics in the Public Domain: Essays in the Morality of Law and Politics* (Oxford University Press, 1994), pp.239 - 241.

인정의 근거라는 요소가 도덕적 권리개념을 분석하는 데도 중요한 역할을 하게 된다.[11]

권리의 근거라는 측면에서 보았을 때, 자연권은 법으로 인정되는가에 상관없이 각 개인이 단지 인간이기 때문에 가지는 징표로 말미암아 생겨나는 권리이다.[12] 법적인 권리에 대한 설명은 상대적으로 더 간단하다. 어떤 법규범체계가 개인에게 권리의 지위를 부여했다면 그 개인은 법적 권리를 보유한다는 설명이다.[13] 이런 논법을 도덕규범의 체계에 적용한다면, 도덕적 권리는 '실정법이나 사회적 관행윤리와 독립해서 존재하는 일종의 보편적이고 객관적인 도덕원리들로부터 근거 지워지는 권리'라고 할 수 있을 것이다.[14] 도덕적 권리들의 특징은 그 정당성이 당사자들 간의 특수한 상호 계약행위나 상호 관계 또는 지배적 관행윤리, 나아가서는 법규범의 체계에 있지 않고 당사자의 주장이나 요구가 '도덕적 관점' 또는 '공평무사성의 관점'에 비추어서 정당화될 수 있다는 데 있다. 그렇다면 도덕적 권리를 다음과 같이 설명할 수 있을 것이다.

"도덕적 권리는 제정입법 또는 재판규범이나 사회적 관행에서 독립된, 때로는 이들에 일치하지 않는, 도덕적 관점에서 바람직하다고 판단되는 근거들 위에서 각 개인에게 부여된, 국가 또는 다른 사람

---

11) A. Gewirth, "The Epistemology of Human Rights", in *Human Rights*, ed. E. P. Paul, J. Paul & F. D. Miller (Oxford University Press, 1984), pp.1 – 24.

12) H. L. A. Hart, "Are There Any Natural Rights?", in *Theories of Rights*, ed. J. Waldron (Oxford University Press, 1984), pp.77 – 78.

13) 법적 권리에 대해 설명하고 있는 보다 자세한 논문으로는 M. H. Kramer, "On the Nature of Legal Rights", *Cambridge Law Journal 59* (2000), pp.473 – 508.

14) J. Feinberg, "In Defence of Moral Rights", *Oxford Journal of Legal Studies 12* (1992), p.152.

들이 상응하는 의무를 수행할 것을 요구할 수 있는 지위"이다.[15]

제2절 권리의 현대적 의의

법학 영역에서 권리이론은 크게 두 가지로 구분되는 경향이 있다. 하나는 권리를 가진다는 것이 무엇을 의미하는가에 대한 분석적 입장이고, 다른 하나는 권리를 어떻게 정당화해야 하는가에 대하여 법과 도덕, 그리고 법과 정치와의 관련성을 분석하는 입장이다.

기존의 권리논의들은 대부분 분석적 논증 또는 정당화 논증을 펼쳤다. 그 이유는 권리가 논의되는 상황이 매우 복잡하고, 이런 복잡한 권리의 구조는 권리와 권리를 둘러싼 다른 규범적 구성물들과의 의미차이를 해명하는 분석적 방법을 통해 해명할 수 있기 때문이다. 그리고 권리의 근거 규명은 권리범주에 포함되는 권리주장자의 권리가 왜 인정되어야 하는가에 대한 정당화 논증에 의존하기 때문이다. 따라서 권리의 구조와 근거에 대한 연구는 권리실현의 정당화논증에 있어서도 반드시 선행되어야 할 영역이라고 할 수 있다.

앞서 살핀 바와 같이 권리는 법적 권리와 도덕적 권리로 나눌 수 있다. 법적 권리는 실정법에 의해 주어진 권리를 말한다. 벤담 이래로 법실증주의 전통에서는 법이 있어야 권리가 생긴다는 입장을 원칙적으로 고수한다. 이 전통은 법이 존재하기 이전의 직관

---

15) Feinberg, "In Defence of Moral Rights", p.149.

적·선험적 권리에 대해서는 회의적이다. 그리고 실정법은 도덕적으로 옳거나 옳아야 한다는 전제를 깔고 있다. 하지만 혹시 법이 잘못될 가능성은 없을까? 여기서 우리는 법적 권리와 별도로 존재하는 도덕적 권리개념을 생각할 수밖에 없다. 실정법과 상관없이 인간은 도덕적 근거에 의해 어떤 권리를 주장할 수 있다는 것이다. 악법에 저항하는 것 또는 법에 규정되어 있지 않더라도 어떤 권리를 요구하는 것은 모두 도덕적 권리에 근거한 주장이다. 그렇지만 도덕적 권리가 정당성을 얻기 위해서는 법적 권리라는 형식을 갖추어야만 한다.

따라서 권리개념의 분석에 대한 시도는 사실상 법적 권리의 분석으로부터 시작해야 할 것이다. 권리에 대한 논의는 다양한 해석이 가능한 개방적인 구조를 가지고 있지만, 자연적 권리나 도덕적 권리에 비해 법적 권리는 보다 정확하고 명료한 성격을 가지고 있으며 이를 바탕으로 다른 종류의 권리에 적용하는 방법을 선택하는 것이 더 효과적일 것이다.

본서에서는 이와 같은 법적 권리를 중심으로 권리의 실천적 차원들에 대한 문제, 즉 권리실현과 권리충돌에 있어 발생할 수 있는 문제를 이익형량의 방법을 통해 해결할 수 있는지, 그 가능성과 대안을 제시해 보고자 한다.

자유주의 법체계에서의 권리논의는 많은 한계점을 가진다. 다시 말하면 법의 구체적 실현의 하나라 할 수 있는 권리논의의 배경에는 여러 가치관들이 복잡하게 혼재해 있다. 권리는 그러한 복잡한 관계들의 틈새에서 표출되는 용어이다. 또한 권리는 법적인 담론에서만 거론되는 용어도 아니다. 이런 여러 유형의 권리들은 인간 공동의 삶과 문화에 대한 가치관들 속에서 자신의 주장을 정당화해야 하는 부담을 가지고 있다. 권리들 간의 구별을 통하여 권리이론가들은 각각 다른 근거와 정당화를 제시한다. 하지만 이러한 여러 권리논의들이 결국엔 인간의 실존적 삶에 어떤 기여를 할 수 있는지를 같이 살피지 않는다면, 그것은 매우 불충분한 고찰이 될 것이다.

따라서 본문에서는 이러한 과정을 통해 권리, 그중에서도 특별히 법적 권리를 법학영역에서 개념적으로 설명하고 논증하는 데서 그치는 것이 아니라 실천적으로 권리를 실현하고 행사하는 데 있어 비례성 원칙과 이익형량을 통한 문제점 해결의 방법과 새로운 이론형성의 가능성을 살펴보도록 하겠다.

제2장

권리에 관한 고전적 논의

권리란 무엇인가? 우리는 흔히 무엇에 대한 권리를 가지고 있다는 말을 한다. 그렇다면 "개인 A는 B에 대한 권리를 가지고 있다."는 진술은 무엇을 의미하는 것일까? "나는 어떤 것에 대하여 무엇을 할 권리를 가지고 있다."는 표현을 사용할 때, 그 표현이 사용될 수 있는 상황을 대체로 다음과 같이 네 가지로 정리해 볼 수 있다.

　　첫째, 권리의 표현은 타인들에게 의무를 부과함으로써 타인의 행위영역을 제한하는 내용을 담고 있는 경우가 있다(청구권).

둘째, 권리의 표현은 개인이나 집단과 같은 특정한 주체들에게 타인의 간섭 없이 어떤 행위를 할 수 있는 가능성을 제공한다(자유권).

셋째, 권리의 표현은 일정한 행위자들에게 상대방에 대해 특정한 처분을 내릴 수 있는 권능을 부여하는 내용을 담고 있는 경우가 있다(형성권).

넷째, 권리의 표현은 권리보유자의 소유물이나 상태에 대하여 제3자가 마음대로 처분할 수 없는 지위를 나타내기도 한다(면제권).

기존의 권리논의는 대부분 주요 권리이론인 의사설과 이익설의 흐름을 따르고 있었다. 고전적 권리논의는 역사적으로 근대 인간이성의 계몽과 더불어 자유주의의 발전 안에서 전개되어 왔다.[16] 이런 배경하에서 의사설과 이익설은 권리의 주체와 객체, 권리의 형식과 내용, 공·사법의 대조 및 입법과 사법적 결정의 분리라는 이분법적 유산을 권리논의에 남겨 놓았다.[17]

하지만 20세기는 권리의 세기라고 해도 될 정도로 이론적·실천적 측면에서 다양한 권리논의들이 있었다. 집단적 권리(collective rights), 어린이의 권리, 태아의 권리, 환자의 권리, 임산부의 권리, 동물의 권리 등 다양한 권리의 확산(proliferation) 현상이 나타났다.[18]

이 같은 현상에 있어서 의사설과 이익설, 양이론은 현대사회의

---

16) 자유주의 법체계의 역사적 발전에 관해 잘 정리하고 있는 문헌으로 김정오, 『현대 사회사상과 법』 (나남, 2007), pp.213 - 239. 특히 자유주의 이념들에 대해 자세히 설명하고 있는 논문으로 김정오, "성담론과 법담론의 접점에 나타난 법논증구조", 『응용법철학』 (아카넷, 2002), pp.83 - 93.

17) N. E. Simmonds, "Rights at the Cutting Edge", in *A Debate Over Rights: Philosophical Enquiries*, M. H. Kramer, N. E. Simmonds & H. Steiner (Oxford University Press, 1998), p.177.

18) C. Wellman, *The Proliferation of Rights: Moral Progress or Empty Rhetoric?* (Westview Press, 1999), pp.9 - 11; 김영환, 『법철학의 근본문제』 (홍문사, 2006), pp.205 - 220.

권리를 분석하는 데 있어 충분하지 못하다는 자각이 일어났고, 그 결과 다양한 권리이론이 생겨났다. 그것은 크게 다음과 같은 세 가지의 흐름으로 나타난다.

첫째, 고전적 권리논의의 틀을 유지하면서 그 결함을 보완하려는 견해들이다. 하트(H. L. A. Hart)의 선택설과 맥코믹(N. MacCormick)이나 라즈(J. Raz)의 이익설이 그것이다. 둘째, 미국의 법학자인 호펠드(W. N. Hohfeld)의 권리범주의 영향에 힘입어 이분법적 사유를 극복하려는 견해들이다. 이 중에서는 제3장에서 소개할 파인버그(J. Feinberg)와 웰만(C. Wellman)의 권리논의가 주목할 만하다. 셋째, 호펠드의 권리범주를 도외시하고, 권리논의에서 정치적·도덕적·실천적 논증을 채택하려는 견해들이다. 예를 들면 드워킨(R. Dworkin)과 같은 법학자가 이에 속한다.

그중 하트는 호펠드의 권리논의를 기준으로 벤담의 권리이론을 다시 구성하였다. 일반적으로 호펠드의 권리논의에 영향을 받은 학자들은 권리와 권리를 둘러싼 규범적 구성물들(청구, 자유, 권능, 면제, 의무, 책임 등)과의 의미차이를 통하여 권리가 무엇인가를 밝히려고 한다.

세 번째의 권리논의는 법적 권리를 정치적·실천철학적 근거의 정당화 과정으로 파악한다.[19] 이들에게 있어 권리논증의 체계는 개인의 권리주장에 대한 구체적 법적 지위논증이 아니라 보다 일반

---

19) 드워킨이나 라즈식의 권리논의는 크게 자유주의 안에 머물면서 정치와 법, 전체 국민과 개인, 공적 자율성과 개인적 자율성, 평등과 자유의 관계 속에서 권리의 실천적 논증을 전개한다. 그러나 드워킨은 권리를 정치적 도덕성(원리테제)에서 근거 짓고자 하나, 라즈는 공적 이익에 근거를 두고 있다는 점에서 차이가 있다. R. Dworkin, *Taking Rights Seriously* (Harvard University Press, 1978); J. Raz, *The Morality of Freedom* (Oxford University Press, 1986).

성을 겨냥한 권리논의의 경향을 보인다. 반면에 호펠드의 권리범주에 기초한 권리논증은 권리주장자의 법적 지위논증으로서, 권리의 정당화를 위해 정치적·도덕적 권리의 근거가 아니라 권리주장자의 규범적·사실적 지위의 근거 문제로 축소시킨다. 권리의 일반성을 겨냥한 견해가 법적 권리보다는 도덕적 권리를 권리논증의 기초로 삼는 반면에, 호펠드와 같은 권리의 분석적 논의는 내적 일관성을 중요시하며 법적 권리를 그 모델로 취하여 도덕적 권리에의 적용 내지 확대를 꾀한다.

호펠드의 권리범주는 이전의 영미의 고전적인 분석법학의 권리논의와의 단절을 극복하려는 측면을 가지면서 새로운 권리논의의 시발점을 제공해 준다. 권리의 일반성을 추구하는 이론가들은 호펠드식의 권리범주를 지양하는 경향이 있지만, 호펠드의 법적 권리범주들은 복잡한 권리체계에 있어서 중요성의 강약을 가늠할 수 있게 해 준다는 점에서 여전히 유용하다고 할 수 있다.

이와 같은 이해를 바탕으로 본격적인 권리범주의 분석에 들어가기에 앞서 먼저 권리의 기원이 되는 권리개념인 '자연권'에 대해 살펴보겠다. 그리고 사상사적으로 권리가 어떻게 인식되고 이해되어 왔는지를 주요 사상가별로 알아보도록 한다.

제1절 자연권의 역사

자연권개념은 그 자체로 완결된 전통을 갖는 것이 아니라 그보다 선행하는 자연법전통에 연결되어 있고, 자연법전통에 포함되어 전승되어 온 자연권개념은 다시 15세기경부터 홉스와 로크를 중심으로 기존의 자연법개념과는 다른 내용으로 분기하게 된다. 물론 자연권을 자연법으로부터 유추하는 것이 과연 타당한지에 대해서도 반론이 없지는 않다. 그러나 자연법전통에는 그 누구도 거스를 수 없는 인류보편의 상위질서관념이 포함되어 있고, 그 내용은 인류공통의 복리를 위해서 세속적 정치질서가 어겨서는 안 되는 도덕률이 대부분이라는 점에 유의할 필요가 있다.

오늘날 우리가 사용하고 있는 권리개념은 그 모델을 근대 이래의 서구적 권리개념에 두고 있다.[20] 권리개념은 로마법 전통의 'jus'(올바름 혹은 정의를 의미하는 '법·권리' 개념)에 어원상의 뿌리를 두고 있다.[21] 물론 이는 용어상의 기원을 따져 볼 때 그렇다는 것일 뿐 오늘날 사용되는 권리개념의 의미는 크게 변화되어 이를 '올바름 혹은 정의'를 의미하는 로마법전통의 '법·권리' 개념에서 유추해 내기란 상당히 어렵다. 그렇다면 권리개념은 어떻게 자연법과 자연권전통으로부터 변화하여 오늘날의 의미를 가지게 되었을까? 이 질문에 답하기 위해서 우선적으로 자연법개념과 자연법전통의 흔적을 살펴보아야 할 것이다.

우리는 어떤 이념이 상식으로 자리 잡고 나면 그것이 원래는 얼마나 급진적이고 소위 불온한 주장으로 출발했는지를 쉽게 망각한다. 권리라는 말은 마치 곁에 있으면 그 중요성을 잘 모르게 되는

---

20) 이봉철, 『삶의 질서와 서구 자유주의 정치이론: 권리에서 권위까지』(인간사랑, 2006), pp.41 - 44.
21) J. Finnis, *Natural Law and Natural Rights* (Clarendon Press, 1980), p.206.

공기처럼, "인간은 모두 평등하고, 단지 인간이라는 사실만으로 특별한 권리를 가진다."라는 명제는 너무나 당연하고 무미건조하게 느껴지기 쉽다. 하지만 어떤 이론이 형성되는 특정한 시대 상황과 그것을 뒷받침하기 위해 동원되는 역사적 담론 간의 복잡한 인과관계를 살피게 되면 그러한 당연함이 더 이상 너무나 당연한 것은 아니었음을 깨닫게 된다.

자연법(Natural Law)은 자연에서 유추된다고 보는 일종의 권리 혹은 정의의 철학체계로서 특정 사회의 규율이나 관습 혹은 전통으로부터 추론되기보다는 모든 인류에게 공통적으로 적용되는 것으로 간주되어 왔다.[22] 서양 사상에서 그리스 - 로마 시대는 매우 중요한 의미를 지닌다. 그중에서 스토아학파는 특히 자연의 이치를 중시하였다. 스토아주의자들은 인간은 자연의 이치에 따라 판단하고 행동해야 하고, 인간의 행위가 옳은지 그른지의 여부는 자연의 이치에 의해 분별된다고 믿었다. 여기서 말하는 자연의 이치 또는 자연법은 성문화된 실정법과는 거리가 먼 도덕률을 말한다. 기원전 441년에 아테네에서 초연된 소포클레스(Sophocles)의 『안티고네』(*Antigone*)에도 자연법사상을 암시하는 대목이 나온다. 안티고네는 테베의 왕이었던 오이디푸스와 그의 어머니이자 아내인 이오카스테 사이의 딸이었다. 그녀는 스스로 눈을 찔러 앞을 못 보는 오이디푸스가 거지행색으로 떠돌 때 언니 이스메네와 함께 길 안내를 하였다. 오이디푸스가 죽자 이스메네와 함께 테베로 돌아온 안티고네는 왕위를 놓고 싸우는 두 오빠 폴리네이케스와 에테오클레스를

---

22) 근대 자연법사상의 역사적 흐름에 대한 자세한 내용은 김정오 외 공저, 『법학개론』 5판 (박영사, 2006), pp.62 - 66.

화해시키려 한다. 그러나 폴리네이케스가 에테오클레스를 공격하여 둘 다 죽게 되었다. 결국 외삼촌 크레온이 왕위를 차지하게 되었는데 크레온은 에테오클레스만 성대히 장례를 치러 주고 폴리네이케스의 시체는 길에 버려 짐승의 밥이 되게 했다. 안티고네는 폴리네이케스를 그리스 종교의 규정된 의식에 따라 매장하였다가 붙잡혀 감옥에 갇혔다. 무엄하게 왕의 명령을 어기고 어찌 그런 짓을 저질렀느냐고 추궁하는 왕 앞에서 안티고네는 다음과 같이 대답한다.[23]

> "아무도 그 기원을 모르지만, 그 법은 어제 오늘에 생긴 것이 아니고 영구히 존재하는 것이랍니다. 누가 노여워 할까 봐 두려워 그 법을 어기고 신들로부터 벌을 받고 싶진 않았어요."

즉 그녀의 항변에는 아무리 엄격한 국가의 법이라 하더라도 그보다 근본적인 자연법을 거스를 수는 없다는 사상이 담겨 있었던 것이다.

스토아학파의 영향을 받은 로마법에서도 로마의 시민권을 넘어서는 일종의 보편적 권리를 인정했고, 법학자였던 울피아누스(Domitius Ulpianus)는 국가가 아닌 자연이 모든 피조물에게 가르친 이치가 바로 자연법이라고 주장하기도 했다.[24] 따라서 이런 하늘의 이치를 따르는 모든 인간에게 당연하고 자연스런 권리인 '자연권'(Natural Rights)이 생기게 된다는 것이다. 그렇다면 어떤 메커니즘을 통해 자연법은 자연권과 연결되는 것일까?

---

23) E. Bodenheimer (이상면 옮김), 『법철학개론』(법문사, 1990), p.13.
24) R. A. Greene, "Instinct of Nature: Natural Law, Synderesis, and the Moral Sense", in *Journal of the History of Ideas 58* (1997), pp.173 – 174.

자연법이론에서는 권리와 의무가 확실히 구분되지 않고 비슷하게 나열되긴 하지만 다음과 같은 설명이 가능하다.[25]

첫째, 자연법은 절대자와 피조물 사이의 관계이므로 피조물인 인간들 사이에서는 원칙적으로 지배–복종 관계가 성립될 수 없다. 둘째, 절대자로부터 생명을 부여받은 인간은 이 땅에서 열심히 노력하고 잘 살아갈 의무가 있다. 셋째, 모든 인간은 타인을 존중하고 타인이 자연법에 따라 살아가도록 도울 의무가 있다. 즉 자연법이라는 기본적인 토대에 의해 자연권이 정당성을 부여받은 것이다.

이런 자연권은 다음과 같은 구체적 특징을 지니게 된다. 어떤 사회에서건 생각과 의사표현의 자유, 자신의 몸을 유지할 권리, 각자 능력이 다르더라도 평등한 가치를 가진 존재로 대우받을 권리, 일정한 물질적 대상을 자기만이 사용·독점할 수 있는 권리, 통치자의 지배를 받더라도 자신이 동의한 상태에서 통치받을 권리 등이 그것이다.[26]

홉스 이래로, 전통적 자연법으로 사용되던 용어가 '자연권'이라는 개념으로 이해되었다. 피니스(John Finnis)는 이러한 전환이 아퀴나스(Thomas Aquinas)와 수아레스(Francisco Suarez) 사이 어느 시점에서인가 일어났다고 주장한다.[27] 그에 의하면 아퀴나스까지만 해도 스토아학파의 철학에서처럼 법(jus)은 바로 이성의 법, 자연법을 말하는 것으로 정의로움 그 자체(정의로움의 대상이 행동이든 사물

---

25) J. Waldron, *Nonsense upon Stilts: Bentham, Burke and Marx on the Rights of Man* (Routledge, 1988), p.25.

26) M. MacDonald, "Natural Rights", in *Theories of Rights*, ed. J. Waldron (Oxford University Press, 1984), p.33.

27) Finnis, *Natural Law and Natural Rights*, p.206.

이든 어떤 일의 형편이든 간에)를 의미하거나, 정의 여부를 판별해야 하는 인적·물적 관계에서 무엇이 정의로운지를 알거나 이를 판별하는 능력 혹은 법정과 같이 무엇이 정의로운지를 심사하는 장소를 뜻하거나, 끝으로 정의를 행하는 것이 자신의 임무인 재판관들의 심리를 뜻하는 것이었다고 한다.

그러나 1610년 수아레스가 펴낸 『법률론』(*De Legibus*)에 나타나 있는 전통적인 법(jus)의 의미는 상당히 달라져 있었다. 수아레스가 그 저서에서 정의한 법의 '참되고 엄격한 본뜻'은 "일종의 도덕적 능력(facultas)으로 모든 사람이 자신의 소유물이나 그 자신에 마땅히 속한 어떤 것에 대하여 가진다."고 되어 있다.[28] 이러한 법의 의미는 아퀴나스에서는 결코 찾아볼 수 없었을 뿐만 아니라, 앞에서 살펴본 아퀴나스의 법에 대한 정의에 대해서도 수아레스는 처음에는 모호하게 언급하다가 뒤에 가서는 아예 논의에서 빼 버렸다.

결국 용어상으로는 똑같이 '자연법'이라고 표기하고 있지만 적어도 아퀴나스까지는 '올바름' 혹은 '정의'를 의미했던 전통적인 자연법개념이 수아레스에 이르러서는 개인이 소유하고 있는 어떤 사물을 처분하거나 통제할 수 있는 능력을 의미하는 식으로 변했는데 이 변화된 의미로부터 다름 아닌 자연권개념이 형성되었다. 따라서 아퀴나스와 수아레스 사이의 어느 시점에서 자연법개념에서 자연권개념으로의 변화가 일어났는데, 피니스는 이 변화된 개념이 수아레스 이후 그로티우스(Hugo Grotius)를 거쳐 홉스에 이르러 보다 명료하게 나타난다고 주장한다.[29]

---

28) Finnis, *Natural Law and Natural Rights*, p.207.

29) 수아레스와 그로티우스에 관한 보다 자세한 내용은 오세혁, 『법철학사』(세창출판사, 2004),

피니스에 의하면, 그로티우스는 1625년 『전쟁과 평화에 관한 법』 (De Jure Belli ac Pacis) 첫머리에서 그의 저서 제목의 '법'(jus)의 뜻을 '정의로운 것'으로 정의하고 있는데, 본문에서는 다르게 소개하고 있다. 즉 "법(jus)의 또 다른 의미는 …사람과 관련되어 있다. 이때 법이 의미하는 바는 어떤 사람의 도덕적 자질로서 그에게 무엇인가를 정당하게 갖게 하든가 혹은 행하게 하는 것이다." 이어서 그로티우스는 이 두 번째 정의를 법이라는 개념의 '적절하고도 엄격한' 의미로 규정하면서, 이 두 번째 정의 속에 포함되어 있는 '도덕적 자질'을 용어상으로 분류하여 완전한 자질일 경우는 '능력'(facultas)으로, 불완전한 자질일 경우는 '성향'(aptitudo)으로 부르고 있다는 것이다.

이렇게 보면, 그로티우스의 법 개념이 아퀴나스까지의 전통적 의미와 단절되는 곳은 그로티우스가 법(jus)을 능력(facultas)으로 연결시킨 후 이에 세 가지 의미를 부여하는 곳에서이다. 즉 그로티우스는 능력의 의미를 힘 또는 권력(potestas), 소유권(dominium), 채권, 이렇게 세 가지로 부여하는데, 결국 그로티우스의 법개념은 수아레스에서와 같이 근본적으로 어떤 사람이 소유하고 있는 그 무엇, 보다 구체적으로는 그가 소유하고 있는 힘(권력)이나 자유를 의미한다.

물론 이렇게 변한 법의 의미 속에서도 아퀴나스의 전통적인 의미를 부여할 수 있으리라는 추정은 가능하다. 그러나 설사 그렇다 해도 이 옳음 혹은 정의로움이라는 것은 변화된 개념 속에서 어느 한 개인의 배타적 이익의 편에 서서 그의 행동과 소유를 정당화하는 방식으로 이해되기 시작했다는 데 그 변화의 중요성이 있다. 이

---

pp.104 – 120.

러한 개념 변화는 권리의 주체와 그 주체의 권리 모두를 법과 정의에 의해 규정된 사법적 의무의 영역 밖으로 내몬 결과를 낳았다.[30]

이러한 개념상의 변화가 용어상의 구분과 더불어 가장 확연하게 드러나는 저서는 홉스의 『리바이어던』(Leviathan)이다. 여기서 홉스는 이전의 자연법개념의 뜻이 자연권임을 밝히고 자연법개념에 해당하는 용어를 'Lex Naturalis'로 명기했다. 그리고 그동안 사람들이 'jus'와 'lex'를 혼동하고 있었음을 지적하면서 이제 이 두 개념이 어떻게 다른지 그 뜻을 구분해 놓는다.[31]

제1항 홉스의 권리철학

토마스 홉스(Thomas Hobbes)는 서구철학에서 권리담론과 평화철학을 처음으로 제기한 사상가로 알려져 있다. 홉스는 생명을 보존할 수 있어야 사회의 모든 활동이 가능하다고 보았다. 하지만 인간에게는 생명보존 욕구와 함께 공격·투쟁·명예욕이 공존한다. 그러므로 재화가 부족한 자연 상태에서 살다 보면 인간은 늘 서로 다투면서 살 수밖에 없다. 이런 세상에서는 자기 생명을 보존하기 위해서 그렇게 하지 않으면 자신을 보존할 수 없는 모든 수단을 쓸 수 있고, 그 어떤 행동도 할 수 있다. 이와 더불어 권리는 마음대로 하거나 하지 않을 자유이며, 올바른 이성에 따라 자연적 능력을 사용할 수 있도록 모든 인간이 보유한 자유를 뜻한다.

---

30) 이봉철, 『현대인권사상』 (아카넷, 2001), p.123.

31) R. Tuck, *Natural Rights Theories: Their Origin and Development* (Cambridge University Press, 1979), pp.119 – 142.

홉스가 그린 자연 상태는 끊임없는 공포와 폭력에 의한 죽음의 위협이 지배하는 곳이고, 인간의 삶은 외롭고 비참하며 덧없는 것이다. 그렇기 때문에 인간이 죽음과 비통에서 벗어나기 위해 전심전력을 다해 자기 신체를 보존하고 방어하는 것은 하나도 이상할 게 없다. 즉 사람들을 두려움에 떨게 하고 공동의 이익을 위해 사람들의 행동을 재단하는 권력, 즉 주권자에 대해 사람들이 절대적으로 복종하는 대신 주권자는 그들의 안전을 보장해 주기로 상호 계약한다는 것이다.[32]

그런데 이 약속에는 중요한 단서가 달려 있다. 그것은 만일 주권자가 인간의 생명권을 보장해 주지 못하면 복종의 의무가 사라지고 다시 자연 상태로 회귀한다는 것이다. 홉스는 인간의 생명권을 보장해 주는 데에서 권력의 정당성을 찾을 수 있다고 생각한 것이다. 그 이전의 정치철학에서는 군주에 대한 의무가 먼저이고 그 다음에야 권리가 따라올 수 있다고 인정됐던 것을 홉스가 순서를 바꾼 것이다. 홉스가 권리철학의 선구자로 꼽히게 된 것은 이런 이유 때문이다. 그러나 국가는 개인의 생명을 보호할 의무만 제외하고 다른 어떤 행동도 할 수 있다. 여기에 홉스 이론의 역설(逆說)이 있다. 개인의 권리를 최우선에 놓는 정치철학 같으면서도, 반면 국가의 무제한적 권리를 인정하는 국가주의 철학 같기도 하기 때문이다.[33] 생명권만 빼고 개인의 권리를 모두 포기해야 하는 것이 국가 성립의 본질이라면 그것이 권리이론인지 국가주의이론인지 도무지

---

32) L. Strauss (홍원표 옮김), 『자연권과 역사』 (인간사랑, 2001), pp.207 - 240.

33) T. Dunne & B. C. Schmidt, "Realism", in *The Globalization of World Politics: An Introduction to International Relations*, ed. J. Baylis, S. Smith & P. Owens (Oxford University Press, 2008), p.92.

구별할 수가 없게 된다.

홉스의 권리이론을 종합적으로 정리해 보면 다음과 같다.[34] 우선 권리는 자기보존을 위해서만 존재한다. 또한 권리는 개인에게만 귀속된다. 자기보존을 위해서라면 어떤 일이라도 할 권리가 있고 그게 바로 자유다. 이런 식의 자유가 권리라면 그런 권리는 규범적인 용어가 아니라 단순히 어떤 상태를 묘사하는 기술적인 용어에 불과하다. 또한 개인의 판단여하에 따라 권리를 유보할 수도 있다. 이런 생각들 때문에 홉스는 권리이론가이긴 하지만 근대인권의 주류적 사조인 휴머니즘의 전통에서 벗어난 역설의 철학자로 평가받고 있다.[35]

홉스의 생명권 우선이론은 마치 매슬로(A. H. Maslow)의 인간욕구이론 중 결핍욕구의 하위단계, 즉 생리적 욕구 및 안전 욕구와 흡사하다.[36] 홉스의 권리 사전에는 자아실현과 같은 상위 욕구는 거의 존재하지 않는 것이나 다름없다. 또한 홉스는 권리를 포기함으로써 권리를 보장받는다는 모순적인 권리를 주장했다. 그리고 이 이론은 정치적으로 악용될 소지가 매우 크다. 사회질서와 안전보장이라는 명분으로 인간의 권리를 짓밟는 국가는 국가 자체가 자연상태와 비슷하게 공포를 양산하는 기제가 될 소지가 다분하다.

---

34) M. Freeden, *Rights* (University of Minnesota Press, 1991), pp.12-14.

35) 조효제, 『인권의 문법』(후마니타스, 2007), p.55.

36) A. H. Maslow (정태연·노현정 옮김), 『존재의 심리학』(문예출판사, 2005), pp.107-118.

제2항 로크의 자연주의적 자연권

로크(John Locke)의 『통치론』(*Two Treatises of Government*)은 명예혁명 직후인 1690년에 출간되었다. 로크는 중세의 통치이론이었던 왕권신수설에 반대해 인민의 자유로운 동의를 통한 새로운 사회계약으로 주권을 재정립하고자 했다. 홉스와는 달리 로크가 상상한 자연 상태는 무법천지의 무단 상태가 아닌 자유로운 상태로서 사회적인 특징을 가지고 있었다. 그러므로 자연 상태에서도 인간은 자연법(신법)의 구속을 받으며 타인의 자연권을 존중해야만 한다. 그런데 아담의 원죄 이후 신은 인간에게 일을 함으로써 먹고 살도록 허락했다.[37] 신은 인간에게 삶의 목적을 부여하면서 그것을 추구할 수 있는 조건과 수단도 함께 부여했는데, 그것이 바로 다음과 같은 권리라는 것이다.

첫 번째, 신은 인간에게 이 땅에서 살도록 해 주었다. 그러므로 사람은 언제나 자신을 보존할 권리(생명권), 즉 그것을 버릴 수 있는 권한이 자기에게 없는 그러한 권리를 가지고 있다. 두 번째, 신은 인간에게 남의 간섭을 받지 않고 자기 마음대로 살아갈 권리(자유권)를 주었다. 우리가 이성적으로 태어난 것처럼 우리는 또한 자유롭게 태어났다. 세 번째, 신은 인간에게 노동의 대가인 재산을 소유할 권리, 즉 소유권 또는 재산권을 주었다. 자연의 이성에 따르면, 인간은 자연이 우리에게 생계를 위해 허락한 것들에 대한 권리를 지니게 된다.

---

37) J. Locke (강정인 · 문지영 옮김), 『통치론: 시민정부의 참된 기원, 범위 및 그 목적에 관한 시론』 (까치, 1996), pp.34 - 54.

이러한 권리들이 로크가 주장한 3대 권리라고 할 수 있다. 그런데 로크는 여기에 덧붙여 소유권이 자연법적 제한 안에서 추구될 권리라고 하면서 다음의 세 가지 단서조항을 제시한다.[38]

첫째, 자연 상태에서 모든 인간은 타인에게 필요한 만큼을 남기면서 자기 소유를 챙겨야 한다. 타인도 먹고 살 권리가 있기 때문이다. 둘째, 너무 욕심을 부려 못 써서 버릴 만큼 소유하려 해선 안 된다. 신이 주신 귀중한 재화를 썩히면 안 되기 때문이다. 셋째, 자기 힘으로 직접 노동해서 얻은 것만큼만 소유할 수 있다.

그런데 인간이 자연 상태 아래에서 이미 자연권을 누리고 사는데도 굳이 국가를 수립하는 이유는 자연권을 더욱 확실하게 보장받기 위해서이다. 따라서 국가의 임무는 인간의 자연권, 특히 소유권을 확고하게 보장해 주는 데 있다. 그러나 인간이 정부를 수립하기 위해 계약을 맺는 데도 한계가 있다. 신이 주신 자연권을 침해하지 않는 범위에서만 계약이 가능하기 때문이다. 인간은 국가에 대해 자연권을 집행할 수 있는 권리를 위임한 것이지 자연권 자체를 위임한 것은 아니다. 그러므로 자연권은 남에게 양도가 불가능하고, 양도할 경우 조건과 한도가 명확해야 한다. 이런 조건과 한도 안에서 정부의 정당성이 결정된다. 따라서 정부가 정당하지 않을 때 인민은 이에 저항할 권리가 있다.[39]

로크의 권리론은 18세기 말 미국, 프랑스의 정치혁명에 엄청난 영향을 끼쳤고, 그의 자연권 사상은 현대 자유주의가 형성되는 데 밑거름이 되었다. 이런 현실적 영향력을 염두에 두면서 로크 권리

---

38) Locke, 『통치론』, pp.35 - 39.
39) M. Ishay (조효제 옮김), 『세계인권사상사』 (도서출판 길, 2005), p.172.

이론의 특징을 정리해 보면 다음과 같다.

첫째, 로크는 권리의 범위를 생명, 자유, 재산 등으로 늘리면서 그것을 보장할 장치로서 의회가 우위를 차지한 입헌정부를 옹호했다. 즉 권리의 내용을 확장시키고 그 보호수단을 민주화한 것이다.

둘째, 주권자와 인민은 계약을 통해 대등한 권력관계에 놓이게 되었다. 이는 홉스의 비대칭적 권력관계에 비해 대단히 진일보한 내용으로, 개인의 권리를 존중하는 것이 국가존립의 근거가 된 셈이다.

셋째, 로크는 왕권신수설을 부정하면서도 자연법(신법)의 논거에 확실히 의존함으로써 신학의 영향력이 줄어든 현대에 와서 자연권을 어떻게 정당화할 수 있는가 하는 철학적 문제를 미리 제기한 셈이 되었다.

넷째, 로크는 소유권을 유달리 강조함으로써 소유적 개인주의의 원조가 되었다는 평가를 받는다. 사회계약의 핵심으로 국가가 개인의 소유권을 보장하는 것을 전제로 하고 있기 때문이다. 개인의 소유권을 보장해 주되 그것으로부터 손을 떼는 것이 국가 정당성의 전제조건이 되므로 로크는 사실상 정치권력과 소유권을 분리시킨 셈이다. 그러나 로크의 소유권 개념에는 모호한 점이 많다. 예를 들어 세 가지 자연권 중의 하나로 소유권을 거론하다가, 어떤 부분에서는 재화뿐만 아니라 생명까지도 소유권에 포함된다고 말하기도 한다. 따라서 소유적 개인주의에는 개인이 단순히 물건이나 재산을 소유한다는 뜻보다 훨씬 더 큰 의미가 담겨 있다. 이에 따르면 근대의 인간은 과거와 달리 평등한 개인들로 이루어져 있다. 그런데 자유주의에서는 무엇인가를 소유할 능력이 있는 개인이 추상

적으로 먼저 존재한다. 소유할 수 있는 능력은 인간에게 있어 가장
우선적인 속성이다. 소유능력이 있는 추상적 개인이 생명을 소유하
면 살아 있는 인간이 되고, 자유를 소유하면 자기행복을 추구할 수
있는 존재가 되며, 재산을 소유하면 그것을 타인과 교환함으로써
사회적 관계를 형성할 수 있다는 논리다.

다섯째, 앞의 내용과 연관해서 로크는 고전적 자유주의와 자본주
의를 권리이론의 틀 속에서 확실하게 연결시켰다. 그 결과, 오늘날
까지도 명쾌하게 풀리지 않고 있는 민주주의와 자본주의 간의 복
잡하고 논쟁적인 관계의 발단을 열었다. 민주화와 경제 양극화 현
상으로 인해 두드러지게 나타나고 있는 불평등의 사회문제가 그
대표적인 예이다.

제3항 루소의 평등과 박애의 권리

루소(Jean Jacques Rousseau)는 자연 상태에서 인간은 자기 존재
를 구성하는 요소인 재산, 자유, 생명을 이미 가지고 있다고 생각
했다. 또한 인간은 자연적 자유 그리고 자기가 원하고 취할 수 있
는 모든 것에 대한 무제한적 권리를 가진다고 말한다.[40] 그러나 자
연 상태에서 인간이 가지는 권리는 자기가 원하는 것들에 대한 소
지(possession)에 불과하다. 소지는 어떤 것을 단순히 먼저 차지한
사람들이 갖는 편의적인 행위이다. 이런 단순 소지는 사회계약을

---

[40] J. J. Rousseau, "On Social Contract or Principles of Political Right", in *Rousseau's Political Writings*, ed. A. Ritter & J. C. Bondanella (W. W. Norton & Com., 1988), pp.95 - 96.

통해 인간이 사회공동체로 진입하면서 형식을 갖춘 소유권으로 확정된다. 사람들이 자연 상태에서 타인으로부터의 억압을 막아 내고 자기 재산, 자유, 생명을 보호하기 위해서가 아니라면 굳이 자기들보다 우월한 자에게 종속되려 하겠는가?[41] 이렇게 해서 사회공동체에 진입하게 된 인간은 사회공동체 속의 자유와 자기가 소지한 것에 대한 소유권을 획득한다.

루소의 사회계약론에서 권리의 주된 내용은 평등과 박애다. 로크가 자유권을 자연권 체계의 중요한 권리로 인정했던 반면, 루소는 정치적 · 경제적 평등이 있어야만 자유가 가능하다고 보았다. 루소의 자유는 통상적으로 이해되는 성질의 자유와는 다르다. 그것은 모든 사람(실제로는 재산을 가진 남성시민)이 자기가 속한 공동체의 입법 과정에 평등하게 직접 참여해서 법을 만들고 그 법을 준수할 자유를 의미한다. 따라서 이런 자유를 획득하기 위해선 모든 사람이 똑같이 직접민주주의 과정에 참여할 의무와 권리가 있다. 인민의 일반의지는 대의제를 통해 간접적으로 표현될 수 없고 직접 참여해서 표현해야만 하는 직접민주주의이다. 이렇게 보면 루소의 권리는 사회의 공익을 확보하기 위해 정치 과정에 개입할 수 있는 일종의 참여적 자유인 셈이다. 이것을 다르게 표현하면 책임을 통한 자유라고 할 수 있을 것이다.

따라서 사회구성원의 권리는 미리 주어진 원칙, 자연법에 의거해서 개개인에게 자동적으로 적용되는 자연권이 아니라, 궁극적으로 그 사회의 일반의지가 결정하는 것이 된다. 자연 상태하의 자연적

---

41) J. J. Rousseau, "Discourse on the Origin and Foundations of Inequality among Men", in *Rousseau's Political Writings*, ed. A. Ritter & J. C. Bondanella (W. W. Norton & Com., 1988), p.47.

자유는 개인의 능력 한도 안에서 결정되지만, 사회공동체 속의 자유는 일반의지의 한도 안에서 결정된다. 따라서 특정 정치공동체의 시민권은 그 공동체에 적합한 방식으로 만들어지게 됨을 알 수 있다.

여기서 루소의 소유권 개념을 좀 더 자세히 살펴볼 필요가 있다. 루소는 사회계약을 통해 단순 소지가 소유권으로 확정되더라도 그것이 로크식으로 배타적인 독점권이 되지는 않는다고 보았다. 루소가 생각한 소유권은 사회적으로 제한이 가능한 사회적 구성물이었다. 개인이 소유권을 갖더라도 그것은 타인의 소유권 및 공동체 전체의 욕구와 균형을 맞춰야 한다. 정치적 권리도 마찬가지다. 일반이익에 부합하도록 공동체가 결정할 수 있다. 따라서 루소가 제시하는 권리는 소유권이든 정치적 권리이든 개인중심적 권리라기보다 공동체적 권리에 해당한다.

루소의 권리이론에 있어 비판의 여지는 첫째, 루소가 주장한 권리는 모든 인간의 보편적 권리라기보다 특정 도시국가의 시민권에 가깝다는 점을 들 수 있다. 또한 남성 시민만이 직접민주주의에 참여할 수 있다고 주장하여 시대적인 편견에서도 자유롭지 못하다. 둘째, 일반의지에 의해 합의를 도출한다는 원칙은 동질적인 견해를 전제로 할 수밖에 없다. 이때 소수의 의견이 설 자리가 어디인지 루소는 명확하게 설명하지 않는다. 셋째, 이것과 관련하여 현실정치에서 일반의지를 너무 강조하다 보면 강요된 획일성으로 흐를 수 있다는 단점이 있다.

제4항 자연권에 대한 반발

18세기 말 발생한 미국독립운동과 프랑스혁명은 이론적 측면에서 보면 모두 자연권 사상의 영향을 받은 것이라 할 수 있다. 하지만 이에 대한 비판은 매우 광범위하고 지속적으로 이루어졌다. 이러한 요인을 살펴보면, 당시의 자연권 사상이 지나치게 종교적인 색채의 자연법과 연결된 것처럼 인식되어 세속적 사상가들의 눈에 거슬린 점, 그리고 자연권이 절대주의적인 형식으로 표현되다 보니 내부적으로 상충되는 모순이 드러난데다, 주장된 권리의 내용이 너무 추상적이었다는 점을 들 수 있다.

에드먼드 버크(Edmund Burke)는 『프랑스혁명에 관한 성찰』 (*Reflections on the Revolution in France*)이라는 저서를 통해 보수주의적 입장에서 자연권을 비판하였다. 버크는 정치제도가 합리적 디자인으로 만들어질 수 있는 게 아니라고 생각했다. 정치는 살아 있는 유기체이기 때문이다. 살아 있는 유기체는 특정 환경 속에서 시간을 두고 서서히 성장하고 진화한다. 그 과정을 통해 환경조건에 제일 적합한 형태로 발전하게 된다. 그러니 어떤 정치제도가 오랫동안 존속해 왔다면 그 세월 동안 존재해 온 사실만으로도 그 제도의 적합성이 입증된다는 것이다. 같은 이유로 어떤 사회의 정치제도 속에서 권리가 존재한다면 그것은 그 사회의 전통에 의해 필요했기 때문에 발전되어 온 것이다. 영국에 존재하는 권리는 영국 국민만의 권리인 것이고, 다른 사회에서는 그 사회에 맞는 권리가 존재할 수도, 존재하지 않을 수도 있다.[42] 그러므로 권리는 특정 사회의 사회적 구성물이지 외부로부터의 어떤 원칙에 의해 주어진 것이 아니라는 것이 그의 주장이었다.

이와 같이 전통과 역사를 무조건 옳다고 주장한 버크에 대해 페인(Thomas Paine)은 정면으로 반박하였다. 페인은 전통을 앞세워 인간의 평등원칙을 부정하면서 세습적 계급제도를 옹호하는 버크를 비판했다.[43]

그는 특히 자연권과 사회공동체 내의 권리(시민적 권리)를 명확히 구분한다. 자연권은 인간이 인간이라는 존재이기 때문에 갖는 권리다. 즉 자연 상태 때부터 가질 수 있는 자기 본연의 권리다. 자연권은 타인의 자연권을 해치지 않는 한 자신에게 속한 권리이다. 반면에 사회공동체 내의 권리는 개인에게 원래 존재했던 자연권에 어느 정도 그 기초를 두고 있지만 그 권리 전체를 제대로 누리려면 개인의 힘만으로는 부족하다. 즉 사회공동체 내의 권리는 자연권에 덧붙여 사회라는 울타리가 제공하는 안전 및 보호와 관련된 권리를 말하는 것이다.[44] 페인은 이런 관점에서 복지권(福祉權)을 제기하면서 인간은 사회공동체로부터 경제적으로 보호받을 권리가 있다고 주장했다.

Ⅰ. 벤담의 공리주의

공리주의자였던 벤담(Jeremy Bentham)에게 있어 초경험적이고 신법에 근거한 절대적 권리개념은 인정할 수 없는 개념이었다. "권

---

42) E. Burke, "Reflections on the Revolution in France", in *Reflections on the Revolution in France*, ed. F. M. Turner (Yale University Press, 2003), pp.14 – 15.

43) T. Paine (박홍규 옮김), 『상식, 인권』 (필맥, 2004), pp.87 – 90.

44) Paine, 『상식, 인권』, pp.236 – 243.

리가 있으면 좋겠다고 바란다 해서 그것이 권리의 존재이유가 될 수는 없다. …배고프다고 해서 빵이 생기지 않는다. …자연권은 순전한 헛소리다. 자연권이니, 인간이 좌지우지하지 못하는 권리니 하는 말들은 모두 그럴싸한 헛소리다."[45] 벤담은 공리주의에 충실하기만 하면 자연권이 궁극적으로 의도하는 바를 결과적으로 달성할 수 있다고 믿었다. 그는 이런 효용원칙에 자연권이라는 이질적인 개념이 끼어들면 사회정책이 자의적이고 주관적이고 비과학적으로 왜곡될 위험이 크다고 보았다. "나는 일반적 효용에 의해 생겨난 권리가 아닌, 별도로 존재하는 자연권을 알지 못한다. 그리고 그러한 의미라 하더라도 처음부터 권리란 말이 나오지 않았더라면 더 좋았을 것이다."[46]

그렇다고 벤담이 모든 권리를 부정한 것은 아니었다. 실정법으로 규정하는 권리만 인정하자는 입장이었다. 법실증주의자였던 벤담은 법이 있은 후에 권리가 나오는 것이지 그 반대가 될 수는 없다고 생각했다. 그가 생각한 권리는 주권자가 B에게 강제로 부과하는 의무의 결과를 A가 혜택으로서 누리게 될 때 효력을 발휘하는 법적 권리였다. 그러한 법을 만들려면 우선 현실을 조사해 본 후에 귀납적으로 도출해야 한다. 인간 삶의 조건은 복잡·다양하므로 몇 가지 추상적 원칙으로 미리 재단할 수 없다. "권리, 실질적인 권리는

45) J. Bentham, "Supply without Burthen or Escheat Vice Taxation: Being a Proposal for a Saving of Taxes by an Extension of the Law of Escheat: Including Strictures on the Taxes Collateral Succession, Comprised in the Budget on 7th December, 1795", in *Nonsense upon Stilts*, ed. J. Waldron (Routledge, 1988), p.53.

46) J. Bentham, "Anarchical Fallacies: Being An Examination of The Declaration of Rights Issued During the French Revolution", in *Nonsense upon Stilts*, ed. J. Waldron (Routledge, 1988), p.72.

법의 자식이다. 진짜 법에서만 진짜 권리가 나온다. 그러나 시인, 논객, 그리고 도덕과 지성의 마약상들이 환각상태에서 발명한 상상의 법인 자연법에서는 상상의 권리만 나올 뿐이다."[47]

하지만 벤담의 자연권 비판은 엄밀한 실증주의의 모습을 띠고 있지만 권리가 효용성에 종속된다고 함으로써 전체의 이익을 위해서라면 소수의 권리에 대한 침해를 묵인할 수 있다고 하는 등 이론적인 허점이 적지 않다.[48]

II. 근대 사회과학의 자연권 비판

19세기 후반에 등장한 사회과학의 조류도 자연권 사상에 비판적이었다. 이 시기에는 산업화와 자본주의의 등장으로 사회를 분석하는 대상이 개인에서 집단으로 변했으며, 그와 함께 사회변화를 묘사할 수단으로서 철학이나 윤리보다 과학이 더욱 타당하다고 간주되기 시작했다. 로크의 소유 권리이론보다 생산의 법칙을 찾는 것이 훨씬 과학적인 것으로 생각된 것이다.

허버트 스펜서, 마르크스, 에밀 뒤르켐, 막스 베버 등 근대 사회과학의 창시자들은 사회가 객관적으로 분석할 대상이지 윤리적 원칙으로 이해할 대상이 아니라고 보았다. "사회과학의 분석에서 권리개념이 조금이라도 나타났다면 그것은 윤리적·정치적 행동을 지도할 근본적인 철학적 범주로서가 아니라, 사회과학으로 설명해야 할 이념적 구성물로서 등장했다. 사회학이 철학의 자리에 들어

---

47) Bentham, "Anarchical Fallacies: Being An Examination of The Declaration of Rights Issued During the French Revolution", p.69.

48) Freeden, *Rights*, pp.18 - 19.

섰고, 사회의 과학적 연구가 인간의 권리를 대체했던 것이다."49)

그러므로 사회과학의 시조들은 도덕성을 추구하더라도 형이상학적인 규범으로서의 자연권이 아니라 사회의 존립을 위해 필요한 기능적 요소로서 추구했다. 뒤르켐은 이렇게 말한다. "우리는 종교적 개념의 핵심에서(종교 안에서 상실되었고, 종교 안에 숨어서 잘 드러나지 않는) 도덕적 현실체를 찾아내야 한다. 우리는 그러한 도덕적 현실체를 추출하고, 그것의 구성요소를 발견하고, 그것의 특성을 확정하고, 그것을 이성적인 언어로 표현해야 한다. 다시 말해, 우리는 오랜 세월 동안 도덕적 이데아의 정수를 나타내는 도구 역할을 해 온 종교 관념의 이성적 대체물을 발견해야만 하는 것이다."50) 이런 점에서, 프리먼이 말하듯 사회과학의 창시자들을 신 아리스토텔레스주의자라고 해도 무방할 것이다. 자연권 이론가와 칸트가 추구한 윤리가 행위 규칙을 중심으로 하여 옳다 또는 그르다를 판단하는 '의무 윤리'였다면, 신 아리스토텔레스적 윤리는 좋다 또는 나쁘다고 하는 덕성을 판단하는 '덕 윤리'라고 할 수 있다. 신 아리스토텔레스적인 '덕 윤리'가 지향하는 목표는 전체 공동체의 좋은 삶이다.

따라서 근대 사회과학이 영향력을 확보한 사회에서는 사회진보의 토대로서 공리주의 원칙이 널리 전파되었고, 자연권에 의존해 인간의 존엄성을 정당화하기보다 효용원칙에 의거해서 인간의 행복을 정당화하려 했다. 시대의 전반적인 추세로서 과학과 분석·계량을

---

49) M. Freeman, *Human Rights: An Interdisciplinary Approach* (Polity Press, 2002), p.30.

50) E. Durkheim, *Moral Education: A Study in the Theory and Application of the Sociology of Education*, ed. K. W. Everett & H. Schnurer (Free Press, 1973), p.9.

중요시하는 사회과학의 세계관을 받아들이기 시작했으므로 자연권의 도덕적인 특성이 시대에 뒤떨어진 사상처럼 여겨졌던 것이다.

제5항 자연권 논의의 의미

누군가 권리를 가진다고 할 때, 그 권리가 규범체계에 의해 부여된 것이 아니라 '인간으로서 가치에 기초해', '누구나 박탈당할 수 없고 양도할 수 없는' 등과 같이 절대적이고 보편 가능한 이유에서 비롯된 것일 때, 우리는 도덕적 권리, 인권, 자연권 등의 단어를 연상하게 된다. 이러한 권리관념들은 포괄적인 도덕적 논의에서 이야기될 것이지만, 특별히 자연권적 관념이라는 사유체계를 가지게 되는 것은 권리가 결국 인간의 본성에 기초한 것이라는 사실을 드러내기 때문이다.

따라서 도덕적 권리논의 안에 실증적 도덕규범에 의해서 부여된 권리와 달리 도덕적 논증이라는 문제가 발생하는 것은 바로 제도적 관행들과는 무관한 객관적인 자연권적 성격 때문이다. 그래서 "도덕성은 구체적인 어느 사회의 구성원들이 옳다고 믿는 것을 기술하는 데 사용되는 단어가 아니라 단지 옳은 것을 지시하는 데 사용되는 용어"[51]라고 할 때, 관행적 도덕적인 권리와는 다른 도덕적 권리를 생각해 볼 수 있는 것이다. 여기서 우리는 자연권의 관념을 필요로 한다.

도덕이 비판적인 도덕성으로 인식되는 경우에 있어 우리는 인권

---

51) Jones, *Rights*, p.46.

(Human Rights)을 연상하게 된다. 비판적인 도덕성 안에서의 권리 주장은 사람들이 그것을 권리라고 인식하느냐의 여부와는 상관없는 문제이다. 인권의 의미는 모든 사회에서 이 권리가 인식되든 존중되든 상관없이 인간인 경우에 그러한 권리를 귀속시킨다는 것이다.

그런데 인권과 관련된 주장들이 다른 논증보다 우월한 측면을 가지는 이유는 무엇일까? 역사적으로 인권은 저항권이나 혁명을 정당화할 수 있는 기초로 파악되었다. 그리고 이 인권이 역사적으로 자연권으로 존재했었다는 점에서 이 자연권의 전제조건은 법적 권리의 존재조건과는 달리 정치적인 수사학이나 이론 속에서 많이 거론되었다. 자연권으로서의 인권의 개념은 또한 그 사회의 바람직한 성장의 척도를 나타내기도 한다.[52]

이러한 이유에서 오늘날 자연법사상은 인권의 근본적인 근거뿐만 아니라 실정법의 근거와 한계에 관한 비판적 이론으로 이해된다. 따라서 비록 올바른 규범원리로서의 자연권의 구체적인 특성을 찾기는 쉽지 않지만, 하나의 권리로서 자연권의 존재는 우리에게 여전히 많은 이념적 토대를 제공한다고 볼 수 있다.

제2절 호펠드의 권리분석

권리개념은 법철학에서 주로 다뤄지는 개념이다. 법적 권리이론

---

52) 박은정, 『자연법사상』 (민음사, 1987), p.206. "규범의 올바름에 관한 연구는 법철학의 영역에서 자연법이라는 표제하에 진행되기보다는 사회철학 혹은 정치철학의 영역에서 사회윤리적 제도론, 아니면 인권론의 형태로 더 자유롭게 진행되고 있는 듯하다."

은 권리와 의무의 주체, 그리고 권리와 의무 간의 관계를 명확히 개념화한다. 이러한 법적 권리를 정확히 이해하려면 우선 호펠드 (Wesley Newcomb Hohfeld)[53]로부터 논의를 시작해야 한다.

호펠드는 법적 권리를 연구한 법학자였지만, 그의 이론을 이용해 도덕적 권리까지 포함하는 모든 권리를 설명할 수 있다고 보는 사람들이 많다. 호펠드는 권리개념이 모든 법의 근본에 깔려 있다고 생각했다. 그는 법률에 관한 많은 문헌의 분석을 통해서 일반적으로 '권리'라는 표현은 어떤 종류의 법적 우위성으로 무분별하게 적용되어 사용되고 있는 것이라는 사실을 입증했다.[54] 그리고 권리는 막연히 주장할 수 있는 것이 아니고 반드시 그것에 대응하는 의무와 연관 지어 생각해야 하는 개념이라고 보았다.

그는 네 가지 '법적 대응관계'(Jural Correlatives) 속에 여덟 가지의 개념이 있다고 가정한다. 네 개의 범주는 바로 '권리'와 '자유 (특권)', 그리고 '권능'[55]과 '면제'이다. 이 네 개의 범주는 '관계', 즉 반대관계와 대응관계를 통하여 설명된다.

---

53) 호펠드에 관하여는 자세한 사항이 거의 알려져 있지 않다. 칼 르웰린(Karl Llwellyn)의 스승이었고, 미국 법현실주의 선구자 중의 하나였으며, 예일대 로스쿨 교수로 재직 중 39세에 요절한 법학자라는 것 정도이다. 생전에 권리에 대한 몇 편의 논문을 썼는데, 1913년에 나온 "Some Fundamental Legal Conceptions as Applied in Judical Reasoning"과 1917년에 나온 "Fundamental Legal Conceptions as Applied in Judical Reasoning", 두 편의 논문을 중심으로 사후인 1919년에 *Fundamental Legal Conceptions: As Applied in Judicial Reasoning*"이 출간되었다.

54) C. Wellman (김만두 옮김), 『복지권론』 (홍익재, 1989), p.18.

55) power는 우리나라의 법학교과서에 나오는 권리와 구분되는 개념으로서 '권한'으로 번역하기 쉬우나 호펠드가 말하는 power는 '권한'이나 '권능'과는 다른 개념이라고 볼 수 있다. 권한이란 본인 또는 권리자를 위하여 할 수 있는 행동의 능력을 말하고, 권능은 권리의 내용을 구성하는 법률상의 힘을 말한다. 호펠드의 법체계하에서 power는 법률관계의 변경을 초래할 수 있는 능력이므로 power를 행사할 수 있는 자는 일정한 책임(liability)하에 있게 된다. 따라서 우리나라의 법률용어 사용과는 일치하지 않으나 적당한 용어를 찾기 어려우므로 이 책에서는 '권능'으로 번역하였다.

호펠드의 법적 논증에 적용된 근본적인 법관념들, 그리고 각 범주용어의 반대관계와 대응관계에 관한 범주표는 다음과 같다.[56]

법적 반대관계 Jural Opposites	권리 right	자유(특권) privilege	권능 power	면제 immunity
	무권리 no-right	의무 duty	무권능 disability	책임 liability
법적 대응관계 Jural Correlatives	권리 right	자유(특권) privilege	권능 power	면제 immunity
	의무 duty	무권리 no-right	책임 liability	무권능 disability

호펠드는 위의 각 용어들이 정확한 하나의 개념을 가지고 있으며, '법의 최소한의 공통분모'(lowest common denominators)를 이룬다고 주장한다. 호펠드는 그 이전의 법률가나 법학자들은 '권리'라는 용어와 법적인 관념을 말할 때 언어상 혼동을 일으키고 있었다고 생각했다.[57]

"관념과 언어의 상호 관계를 신중하게 관찰·반성해 본 사람이라면 단어들이 어떻게 관념에 반응하고 그것들을 어떻게 숨기고 통제하는가를 깨달

---

56) W. N. Hohfeld, "Some Fundamental Legal Conceptions as Applied in Judical Reasoning", in *Yale Law Journal 23* (1913–1914), p.30.

57) 여기서 호펠드가 말하는 '권리'라는 단어의 '언어적 혼란의 법칙'은 사실상 각 국가별 언어의 용법을 세심하게 고려하지 않은 설명으로 생각된다. 즉 독일어의 *Recht*나 프랑스어의 *droit*는 의미상 '법'과 '권리'를 모두 지칭하지만, 영어의 경우에는 법을 'law', 권리를 'right'로 구분하고 있다. 물론 독일어나 프랑스어에서 법과 권리를 지칭하는 용법은 관용표현을 따르기 때문에 의미상 언어 혼란의 문제가 없겠지만, 호펠드가 보기에는 보다 정확하게 법과 권리의 개념과 근거를 밝히는 작업에 이렇게 명확하게 구별되지 않은 언어의 사용은 반드시 해결해야 할 문제로 인식되었을 것이다. 이와 같은 점을 지적하면서 오히려 권리개념의 불필요성을 주장하고 있는 문헌으로 L. Duguit(이광윤 옮김), 『일반 공법학 강의』(민음사, 1995), pp.37–49. 여기서는 영미법계의 권리논의를 주로 다루기 때문에 대륙법계의 권리논의에 대해서는 별도로 언급하지 않는다.

게 된다. 혼동의 위험은 동일한 용어가 두 개 이상의 특정 관념을 표현하는 데 항상 사용된다는 것이다. …예를 들어 라틴어의 *jus*, 독일어의 *Recht*, 이탈리아어의 *diritto*, 프랑스어의 *droit*의 애매성은 법과 법에 의해서 창출된 구체적인 관계로서의 권리를 함께 지시하는 것에서도 쉽게 알 수 있다. …용어의 동일성 문제가 용어들에 의하여 표현되는 관념들 간의 동일성이라는 문제를 어쩔 수 없이 가져온다. … 이러한 심리적·언어적 법칙을 '언어적 혼란의 법칙'(the principle of linguistic contamination)이라고 부를 수 있다."58)

　이러한 언어의 혼란은 권리라는 단어가 어떤 종류의 법적 우월성을 표현하려고 할 때, 일반적·무차별적으로 사용되면서 발생한다. 일상적인 법적 담론 안에서 권리라는 단어의 포괄적이고 무차별적 사용으로부터 권리라는 단어의 의미를 파악하기 위한 어떤 실마리를 찾는다면 그것은 '의무'라는 단어일 것이다. 의무와의 상관성이라는 지평 위에서 권리라는 단어에 적절한 용어는 '청구'가 될 것이다.

　호펠드는 바로 의무와의 상관성 때문에 청구에 권리라는 용어를 부여하였다. 반면에 대응관계로서 의무를 포함하지 않는 자유, 권능, 그리고 면제는 좁은 의미에서는 권리의 성격을 가지지 않는다. 이렇게 하나의 용어는 다른 용어와의 차이를 통하여, 구체적으로는 반대관계와 대응관계라는 관계도식을 통하여 그 의미가 보다 분명해진다.

　각 권리범주에 대한 호펠드의 정의를 살펴보면 다음과 같다.

---

58) W. N. Hohfeld, "Fundamental Legal Conceptions as Applied in Judical Reasoning", in *Yale Law Journal 26* (1916 - 1917), pp.715 - 716.

"권리란 다른 사람에 대항할 적극적인 청구(one's affirmative claim against another)를 말한다. 자유(특권)란 다른 사람의 권리나 청구로부터의 자유(one's freedom from the right and claim of another)를 말한다. 권능이란 다른 사람에 대한 기존의 법적 관계의 적극적 '통제'(one's affirmative 'control' over a given legal relation as against another)를 말한다. 즉 권능은 행위에 의하여 법률관계를 변경시킬 수 있는 능력을 말한다. 반면에 면제는 다른 사람의 법적 권능이나 '통제'로부터의 자유(one's freedom from the legal power or 'control' of another as regards some legal relation)를 말한다."[59]

호펠드에 따르면, "권리를 가지고 있다."는 진술은 이 네 가지 종류의 권리유형들 중의 하나를 뜻하거나 이 권리요소들의 조합을 의미한다. 호펠드는 법적 추론과 법학에서 권리라는 개념이 엄밀하게 구분되지 않은 채 때로는 '청구권', 때로는 '자유권', 때로는 '형성권', 그리고 때로는 '면제권'을 지칭하는 혼용된 개념으로 사용되고 있다고 지적하면서 이러한 권리개념의 애매함과 불분명함이 종종 잘못된 법적 추론과 결론으로 이어진다고 주장했다. 권리개념으로 지칭되는 위 네 가지 법률적 개념들은 서로 공통적인 요소들을 가지고 있지 않는 독자적인 개념들이기 때문에 각각의 개념들을 면밀하게 분석해야 할 필요가 있다.

각 범주의 내용은 다음과 같이 표현될 수 있다.[60]

첫째는 청구로서의 권리(청구권)이다. B가 상대방 A에게 X라는 행위를 할 의무가 있다면 그때에 한하여 A는 B에 대하여 X라는

---

59) Hohfeld, "Some Fundamental Legal Conceptions as Applied in Judical Reasoning", p.55.

60) 호펠드의 권리범주들인 claim right, liberty right 등은 실정법상의 청구권이나 자유권과는 그 의미가 다르다는 점에 유의해야 한다.

행위를 할 것을 법적으로 청구할 수 있다.

둘째는 특권으로서의 권리(자유권)이다. A가 상대방 B에 대하여 X라는 행위를 자제해야 할 법적 의무가 없다면 그때에 한하여 A는 B에 대하여 X를 행할 법적 자유가 있다.

셋째는 권능으로서의 권리(형성권)이다. A의 자의적 행위가 상대방 B에게 특정한 법적 효과 Y를 야기하는 것이 법적으로 인정된다면 그때에 한하여 A는 B에게 효과 Y를 초래할 수 있는 법적 권능을 가진다.

넷째는 면제로서의 권리(면제권)이다. A에게 Y라는 효과를 귀속시킬 수 있는 법적 권능이 상대방 B에게 없다면 그때에 한하여 A는 B에 대해서 Y라는 법적 효과에 대한 법적 면제를 가진다.

호펠드의 권리논의와 관련해서는 다음과 같은 점들이 문제로 많이 거론되고 있다.[61]

첫째, 권리와 의무의 상관성 여부이다. 권리는 언제나 의무를 함의하는가이다. 왜냐하면 호펠드는 좁은 의미에서 권리는 청구 하나라고 하였기 때문이다. 그 이유는 청구만이 의무와 상관성을 가지기 때문이다. 따라서 호펠드가 의무와의 상관성으로부터 좁은 의미의 권리를 정의하기 때문에 권리논의에서 의무만을 강조한다는 비판이 제기된다.

둘째, 권리와 자유의 관계이다. 보통 자유는 의무의 부재로 정의된다. 이때 자유로 설명되는 넓은 의미의 자유권은 의무와 상관성을 가지지 않기 때문에 보호의무의 부재라는 문제를 낳는다.

---

61) 김연미, "권리의 구조와 근거에 대한 법철학적 연구", 이화여자대학교 박사학위논문 (2002), pp.11 - 12.

셋째, 권능은 반드시 근본적인 법관념이라기보다는 법적 변화를 가져오는 하나의 기능적인 역할을 한다. 권능은 현대의 의사설에서 확장되어 뒤에 자율성의 의미와 혼용되는 결과를 낳는다.

넷째, 면제를 권리범주 안에서 설명할 수 있는가이다. 면제는 인위적인 자유의 설정으로 다른 사람들의 권능의 범주에 들어가지 않는 권리 중 최고의 우월한 지위를 가지기 때문이다.

다섯째, 호펠드의 권리는 자연인과 자연인의 이중관계로 설명된다. 물론 호펠드의 권리논의가 사법(私法)에 한정되어 있기는 하지만 법원과 두 당사자라는 삼중의 관계를 간과한 것은 아닌가라는 문제가 제기된다. 이 외에도 호펠드에 대한 많은 비판들이 있다.[62]

그럼에도 미국 법사상사적 측면에서 볼 때, 명확한 법률언어적 관계를 성찰하였다는 점에서 분석법학을 계승하였고, 자유주의 법이론의 허점을 지적하였다는 점에서 미국 법현실주의의 선구자가 되었다. 또한 법률언어의 반대관계와 대응관계라는 차이에 주목하여, 권리용어의 의미를 밝혀 주었다는 점에서 현대 법철학에서 의의가 크다고 할 수 있다.[63]

---

62) 호펠드의 권리범주론은 그 당시의 미국의 법현실뿐만 아니라 현재의 우리의 권리체계에 비추어 보아도 많은 점에서 다르다. 그것은 단지 대륙법체계와 보통법체계의 법체계문제에서 발생하는 것만은 아니다. 호펠드 당시의 미국의 사법학계는 로마법을 연구한 학자들에 의해서 독일의 개념법학 못지않은 형식주의적 법이론의 경향을 띠고 있었다. 호펠드는 권리라는 용어를 '청구'라는 의미로 좁혀 잡기 때문에 헌법상의 권리나 공법상의 권리를 충분히 포괄하지 못하는 문제점이 있고, 또 사법 안에서도 전통적인 물권의 권리성을 다르게 파악하고 있었다.

63) J. M. Balkin, "The Hohfeldian Approach to Law and Semiotics", *University of Miami Law Review 44* (1990), p.1119.

제1항 권리의 기본 요소들

위에서 예로 든 네 가지 권리유형은 각각 담고 있는 권리의 내용도 다를뿐더러 그 논리적 형식도 다르지만, 권리의 기본구조라고 부를 수 있는 공통된 권리구조의 변수를 가지고 있다. 이러한 권리유형들은 모두 공통된 권리구조의 변수로서 모두 (ⅰ) 권리보유자 변수, (ⅱ) 권리상대방 변수, (ⅲ) 권리내용 또는 권리대상 변수로 이루어진 삼가관계(三價關係: triadic relation)의 구조를 갖는다.[64] 이 삼가관계의 구조를 의문문으로 표현하면, ① 누가(권리보유자), ② 누구에 대해서(권리상대방), ③ 무엇에 대한 권리를 갖는가?(권리내용 및 대상)일 것이다. 세 가지 변수들의 삼가관계로 이루어진 권리의 공통기본구조를 일반 문장으로 표시하면 다음과 같은 명제가 될 것이다.

a는 b에 대하여 G에 대한 권리를 가진다.

이 권리문장을 기호화하여 표현해 보면 다음과 같다.

R ab G
(여기서 R은 권리가 있음을 나타내는 권리기호, a는 권리보유자, b는 권리상대방, G는 권리대상을 나타내는 기호이다.)

앞서 예로 든 네 가지 권리유형들은 각각 이 세 가지 권리변수들을 포함하며, 이들 변수 각각을 어떻게 채우느냐에 따라서 다양한

---

64) P. Koller, *Theorie des Rechts: eine Einführung* (böhlauWien, 1997), p.96.

권리들이 생겨날 수 있다. 이를 구체적으로 설명하면 다음과 같다.[65]

(ⅰ) 권리보유자 변수

권리보유자 변수와 관련하여 제기될 질문은 '누가 권리를 갖는 가?'이다. 모든 사람들이 권리보유자가 되는 경우가 '보편적 권리' 이며, 특정한 사람들만 권리보유자가 되면 '비보편적인 개별적 권 리'이다. 예컨대 인권은 인간이라면 누구나 보유하는 권리이므로 보편적 권리인 반면, 특정 물건에 대하여 갖는 물권들은 언제나 특 정한 개별적인 사람들이 갖는 권리이므로 '개별적인 비보편적 권 리'이다.

(ⅱ) 권리상대방 변수

이와 관련된 권리질문은 '누구에 대하여 권리를 갖는가?'이다. 일 반적으로 권리는 '특수한 관계에서의 권리'와 '일반적 권리'로 구분 된다. 전자의 권리는 해당되는 당사자들 사이의 특별한 상호 행위 또는 특수한 상호 관계에서 비롯되는, '특정한 관계에 있는 당사자 들에게만 허용되는 권리'를 말한다. 예를 들어 형제자매 사이에 서 로에게 어떤 행위를 요구할 수 있는, 그러나 다른 사람들에게는 요 구할 수 없는 특별한 '대인적 권리'들과 같은 권리들은 '관습적인 특수권'이라고 할 수 있을 것이다. 이에 반해 일반권은 권리의 담 지자가 특정한 사람에게 뿐만 아니라 모든 사람에 대해 요구할 수 있는 지위를 가진다. 모든 사람들에 대해 갖는 권리인 '일반적 권 리'는 이른바 '대세권'(對世權)이며, 특정한 개인들에 대해서만 갖

---

65) Koller, *Theorie des Rechts*, pp.96 – 97.

는 권리는 '특정한 권리'로서 '대인권'(對人權)이다. 생명에 대한 권리와 같은 인권은 모든 사람들에게 주장할 수 있는 일반적 권리이며, 소유권 역시 모든 사람들에 대해서 주장할 수 있는 권리라는 점에서 일반적 권리이다. 반면 계약이행청구권은 계약을 맺은 특정한 사람들에 대해서만 주장할 수 있는 권리이므로 일반적이지 않은 특수한 관계에서만 발생하는 권리로서 대인권이다.

(iii) 권리내용 또는 권리대상 변수

여기서 제기되는 질문은 '무엇에 대한 권리인가?'이다. 권리상대방의 작위·부작위 의무를 요구할 수 있는 내용인가, 권리주체가 상대방의 간섭 없이 행위하거나 또는 하지 않을 수 있는 자유를 내용으로 하는가, 상대방의 지위를 일방적으로 변경할 수 있는 권한을 내용으로 하는가, 권리주체의 현재 지위에 누구도 침탈하지 못하는 완전한 보호를 내용으로 하는가에 따라서 권리유형이 달라진다. 또한 권리의 내용이 신체 안전의 보장인지, 최소한의 경제적 생존의 보장인지, 중요한 공공적 사안과 관련된 의사결정 과정에의 참여를 보장하는 것인지에 따라서 권리의 내용이 달라질 것이다. 이는 앞서 말한 청구권, 자유권, 형성권, 면제권으로 표현할 수 있을 것이다. 이들을 '호펠드의 권리유형' 또는 '호펠드 권리요소'라고 부를 수 있다. 이제 네 가지 호펠드 권리유형에 대해 차례로 살펴보자.

제2항 호펠드 권리유형들의 상호 관계

호펠드는 법률적 추론이나 법률문헌을 고찰하면, '권리'라는 용어가 다음과 같은 각각의 특성을 가지는 네 가지 법률적 관계를 지칭하는 것으로 사용되고 있으며, 각각의 용법에 논리적으로 대응하는 관계개념이 있다고 설명한다.[66]

Ⅰ. 청구권과 의무

Y가 X에게 A라는 행위를 할 의무가 있다면, 그때에 한하여 X는 Y에 대해 A라는 행위를 하도록 법적 청구(Claim)를 할 수 있다. 따라서 채권자는 돈을 빌린 사람에게 지정된 시일이 경과하기 전에 채무를 반환하도록 법적으로 청구할 수 있으며, 또한 환자는 그를 수술할 의사에 대해 환자의 자유의사에 의한 동의 없이는 자신을 수술하지 못하도록 법적으로 청구할 수 있다. 이러한 종류의 권리를 호펠드는 '가장 엄격한 의미의 권리'(a right in the strictest sense)라고 부른다. 청구권은 그 청구권의 내용에 상응하는 상대방의 의무와 반드시 결부되어 있기 때문이다.

법적인 의무는 무엇을 해야 하거나 하지 않아야 할 것을 뜻한다. 의무와 권리는 내용상 서로 대응하는 개념들이다. 권리가 침해된 경우에는 언제나 의무를 위반한 것이다. 이처럼 다른 사람들에 대해 어떤 행위(작위 또는 부작위)를 요구하고, 상대방은 요구된 행위

---

66) Hohfeld, "Some Fundamental Legal Conceptions as Applied in Judical Reasoning", pp.28 - 36.

를 해야 할 의무를 지게 되는 경우의 권리유형이 '청구권'이다. 호펠드는 상대방의 이행의무를 반드시 동반하는 권리의 종류야말로 일반적으로 우리가 타인의 행위를 요구할 수 있는 청구권을 의미한다고 파악한다. 이것이 '권리 – 의무의 대응관계' 명제이다(청구권에는 반드시 상대방의 작위 또는 부작위 의무가 대응한다). 권리의 원래적 의미로서 파악되는 청구권은 다음과 같은 구조를 갖는다.

> 청구주체 a는 어떤 대상 G가 청구상대방인 b에 의해서 실현될 것을 요구
> 할 수 있는 (법적인) 지위를 보유한다.

이러한 구조를 자세히 살펴보면 청구권은 청구주체(a), 청구상대방(b), 청구대상(G)으로 구성된 삼각관계의 구조를 이루고 있음을 알 수 있다. 이를 기호화해서 표현하면 다음과 같다.[67]

① C ab G: a는 b에 대해서 G를 청구할 권리를 보유한다.
(여기서 C는 청구권을 나타내는 기호, a는 권리보유자, b는 권리상대방, G는 권리의 대상을 나타내는 기호들이다.)

그리고 이 구조를 '권리 – 의무 대응관계' 명제를 따라 의무관계로 나타내면 다음과 같이 표현할 수 있다.[68]

② O ba G: b는 a에 대해서 G를 할 의무를 가진다.
(여기서 O는 '해야 한다'는 의무를 나타내는 당위 기호)

---

67) Koller, *Theorie des Rechts*, p.98.
68) 자세한 분석 내용은 R. Alexy, *Theorie der Grundrechte* (Suhrkamp, 1986), pp.185 – 193.

③ C ab G = O ba G

(권리 - 의무 대응관계)

 따라서 청구권은 두 구성부분, 즉 "권리상대방이 요구되는 작위
나 부작위를 해야 할 의무를 가짐"이라는 부분과 "권리상대방이 그
의무를 이행할 것을 촉구하고 필요한 경우에는 의무강제를 위해서
특정한 조치를 취할 수 있다는 권능을 가짐"이라는 부분으로 구성
된다. 이를 보다 완전한 청구권 문장으로 표시하면 다음과 같이 나
타낼 수 있다.

 ④ 상대방 b가 권리보유자 a에 대해 G를 이행해야 할 의무를 가지며, 필
 요한 경우 b에 대해 G를 이행하도록 강제할 조치를 취할 권능이 a에게
 부여되어 있다면, a는 b에 대해 G에 대한 청구권을 보유한다.

 여기서는 요구되는 권리대상인 G가 부작위인가 작위인가에 따라
'소극적 청구권'과 '적극적 청구권'으로 나누어진다. 소극적 청구권
은 권리상대방에 대해 어떤 행위를 하지 말 것(부작위)을 요구할
수 있는 권리이며, 적극적 청구권은 권리상대방에 대해 일정한 행
위를 할 것(작위)을 요구할 수 있는 권리이다. 권리보유자가 모든
인간인지 특별한 개인인지에 따라 보편적 권리와 비보편적 권리로
나뉘며, 권리상대방이 모든 사람들인가 특정한 개인인가에 따라 일
반적 권리(대세권)와 특정한 권리(대인권)로 나누어질 것이다. 이를
분류해 보면 다음과 같다.[69]

---

69) Koller, *Theorie des Rechts*, pp.101 - 103.

① 보편적이고 일반적 청구권(universal and general claim - rights): 사람이라면 누구나 모든 사람들과 모든 국가들에 대해 작위나 부작위를 요구할 수 있는 권리이다. 인권과 같은 권리들이 이에 속한다. 보편적이고 일반적인 권리들 대부분은 소극적 청구권이다. 예를 들어 생명권과 신체불가침권의 보유자는 모든 사람에 대해 자신을 살해하지 않을 것과 자신의 신체를 상해하지 않을 것을 요구할 수 있다. 반면에 정치적 망명을 요구할 수 있는 망명권은 적극적 권리이다.

② 보편적이고 특정한 청구권(universal and special claim - rights): 모든 사람들에 대해 요구할 수 있지만 특정한 집단에 속하는 사람들만이 권리주체가 될 수 있는 권리이다. 모든 개인은 자신들이 속한 정치공동체에 대해 정치적 참여권이나 사회보장권을 요구할 수 있다. 이와 같은 권리는 모든 개인이 보유하는 청구권이지만 특정한 국가와 사회에 대해서만 주장할 수 있다는 점에서 '시민권'이라고 부를 수 있다. 이 권리들도 소극적 청구권과 적극적 청구권으로 구분된다.

③ 비보편적이며 일반적 권리(particular and general claim - rights): 모든 사람에 대해 주장할 수 있으나 모든 개인이 아니라 특정한 집단의 개인들만이 보유할 수 있는 권리이다. 전형적인 예는 민법상 모든 종류의 구체적인 물권들이다. 예를 들면 자동차에 대한 소유권과 같은 것이다. 이 종류의 권리들은 타인들이 권리보유자에 대해 권리행사를 방해하지 않을 것을 요구한다는 점에서 대체로 소극적 청구권이다. 다만 여기서 주의해야 할 점은 구체적인 물건에 대한 소유권들과 소유를 할 수 있는 권리는 구분되어야 한다는 것이다.

④ 비보편적이며 특정한 청구권(particular and special claim - rights): 임대인이 임차인에 대해 임대료를 지불할 것을 요구할 수 있는 권리와 같이, 특정한 개인들이 특정한 상대방에 대해서만 요구할 수 있는 권리이다.

이처럼 청구권의 기본도식에서 a, b, G에 무엇을 대입하는가에 따라 다양한 권리의 종류와 내용이 나올 수 있다.[70] 가령 a가 모든

70) 인권법교재발간위원회 편, 『인권법』(아카넷, 2006), pp.71 - 72.

인간인지, 한 정치공동체의 구성원인 시민인지, 특정한 개인들인지에 따라, 그리고 b가 기타의 모든 인간인지, 국가인지, 특정한 집단의 기타 구성원들인지, G가 무엇으로 이루어지는지에 따라 여러 가지 종류의 청구권들을 구성할 수 있는 것이다.

II. 자유권과 청구권 없음

'a가 b에 대해 G와 관련한 권리를 가진다.'는 권리문장은 때로는 "권리보유자 a가 상대방 b에 대하여 G와 관련하여 특정한 행위를 해야 하거나 또는 하지 않아야 할 의무관계에 있지 않다."는 것을 의미하기도 한다. 이러한 종류의 권리를 '자유권'이라고 한다.

이 지위는 청구권과 비교하면 다음과 같은 특징을 보여 준다. 자유권의 대응관계는 상대방이 권리보유자를 향해 어떤 행위를 하라거나 하지 말 것을 요구할 '청구권 없음'(no‒claim‒rights)이다. 즉 청구권의 특성이 권리상대방이 어떤 행위를 해야 하거나 하지 않아야 할 의무를 가짐에 있다면, 자유권의 상대방은 권리주체에게 어떠한 행위를 할 것을 또는 하지 말 것을 청구할 청구권을 가지지 않음이 자유권의 특성이다.

예를 들어 내가 원하는 대로 모자를 쓸 권리를 가지고 있다고 말할 때, 여기서의 권리는 청구권과는 완전히 다른 성격을 가진다. 내가 내 마음대로 모자를 쓸 권리가 있다고 해서 다른 사람들이 나의 그 권리내용에 상응하는 의무를 지는 것은 아니다. 즉 내가 원하는 대로 자유롭게 모자를 쓸 권리가 있다는 것은, 내가 어떤 특정한 방식으로 모자를 쓰지 말아야 할 의무를 지고 있지 않다는 것을 의미한다.

이를 바탕으로 자유권의 특징을 살펴보면 다음과 같다.[71]

첫째, 내가 자유권을 가진다는 것은 그 자유권의 내용에 반대되는 어떠한 의무로부터도 해방되어 있다는 것이다. 내가 X를 할 자유권을 가지고 있다는 것은 X를 하지 않아야 할 의무를 부과할 법이 없거나, X를 할 것을 명령하는 법이 없음을 나타낸다. "그렇게 하는 것은 너의 자유이다."라는 자유권 진술은 "너는 그것과는 다른 방식으로 행동해야 할 의무를 지지 않는다."라는 소극적 의무의 부정을 논리적으로 함축한다.

둘째, 자유권은 그 자유권의 내용과 동일한 행위를 내용으로 하는 타인의 의무를 동반하지 않는다. 즉 내가 X를 할 자유권을 가진다는 것은 내 자신이 X를 하지 않을 의무를 가지지 않는다는 것이지, 타인이 내가 X를 하는 것을 방해하지 말아야 할 의무를 진다는 것을 뜻하지는 않는다. 따라서 자유권은 (권리보유자 측에서의) 의무와 반대관계에 있으며, 상대방의 '청구권 없음'과 상호 대응관계에 있다. 즉 내 자유권의 상대방은 내 자유권의 행사를 방해할 자유권을 가질 수 있다.

하트가 드는 예를 보면 좀 더 분명하게 자유권의 성격을 이해할 수 있을 것이다.[72] 영국법에 따르면 나는 정원울타리 너머 이웃을 구경해서는 안 되는 의무를 가지고 있지 않다는 점에서 한편으로 나는 정원울타리 너머 이웃을 관찰할 권리를 가진다. 그러나 그것

---

71) 인권법교재발간위원회 편, 『인권법』, pp.73 - 76.

72) H. L. A. Hart, "Bentham on Legal Rights", in *Oxford Essays in Jurisprudence 2nd series*, ed. A. W. B. Simpson (Clarendon Press, 1973), p.175.

은 단순한 자유권이지 청구권은 아니다. 만일 청구권이라면 내 이웃은 내가 정원울타리 너머 자신을 구경하게끔 해야 할 의무를 지게 될 것이다. 그러나 위 예에서의 권리는 자유권이기 때문에 내 이웃은 내가 자기를 보지 못하도록 자기 울타리를 높게 세울 수 있는 권리를 가지고 있다. 내 이웃이 내가 울타리 너머 자기를 바라보지 못하게 요구할 청구권을 가지지 않는다고 해서 내 이웃이 내가 바라보는 행위를 방해할 자유권을 가지고 있지 않다는 결론을 이끌어 낼 수는 없다. 그런데 자유권은 자유권의 내용에 직결되는 대응의무를 동반하지는 않지만, 일정한 청구권들을 보조내용으로 하고 있다. 즉 내 이웃은 내가 울타리 너머 자기를 바라보는 자유권을 방해하기 위해 울타리를 높게 세울 권리는 있지만, 나를 총으로 쏘거나 내 눈을 찌르거나 내 집에 불을 지르겠다고 위협하는 식으로 내 자유권을 방해할 권리는 없다.

이러한 사실에서 하트는 "자유권은 청구권에 의해서 보호되지 않으면 권리로서 기능할 수 없다."는 '청구권의 보호울타리'(protective perimeter of claim－rights) 이론을 제시한다.[73] 하트는 자유권을 '보호막 없는 자유'(naked liberty－rights)와 '보호막이 부여된 자유'(vested liberty－rights)로 구분한다. 전자는 그 권리와 관련해서 타인이 아무런 의무도 가지지 않는 자연 상태에서의 자유이다. 후자는 자유권 보유자가 가지고 있는 자유권의 행사에 간섭하지 말아야 할 의무들로 보호되는 자유권, 즉 소극적 청구권이라는 보호울타리로 뒷받침되는 자유권이다. 그런데 모든 보호막이 부여된 자유권이 소극적 청구권이라는 든든한 보호울타리로 보호되는 것은

---

73) Hart, "Bentham on Legal Rights", pp.181－192.

아니다.

어떤 자유권들은 그저 일반적 의무라는 보통의 보호울타리만을 동반하는 경우도 있다. 이 일반적 의무들의 경계선은 각자가 자신의 자유권을 행사하면서 경쟁할 때 지켜야 할 선이다. 만일 문제가 되는 자유권이 기본적 인권에 속하는 기본적 자유권일 경우에는, 어떠한 형태로든 방해해서는 안 된다는 엄격한 대응의무에 의해서 매우 든든하게 보호된다. 그러나 대부분의 자유권들은 그 정도까지 보호되지는 않을 것이다.

앞에서 설명한 점들에서 우리는 다음과 같은 자유권의 특징들을 추출할 수 있다.[74]

① 자유권보유자는 권리상대방에 대해 특정한 행위를 해도 좋고 하지 않아도 좋은 지위에 있다. 즉 작위의무 또는 부작위의무가 없음을 의미한다.

② 자유권보유자는 자신이 행위를 하거나 하지 않을 때 물리력을 행사해 방해하지 말 것을 요구할 수 있는 청구권을 권리상대방에 대해 가지고 있다. 즉 소극적 청구권(방해배제청구권)을 동반한다.

③ 권리상대방은 자유권보유자가 자신의 의사대로 행위하거나 하지 않으려고 할 때 물리력을 행사해 방해해서는 안 되는 대응의무를 가진다. 다시 말하면, 자유권에 동반되는 소극적 청구권에 대응하는 권리상대방의 의무가 존재한다.

---

74) 김도균, "법적 권리에 대한 연구(Ⅰ)", 『법학』 제43권 제4호 (서울대학교 법학연구소, 2002), pp.186-187.

④ 자유권보유자는 필요한 경우 권리상대방이 가지는 ③의 의무를 이행하도록 특정한 조치를 취할 수 있다.

⑤ 권리상대방은 자유권보유자가 하고자 하는 바를 가능하도록 하기 위해 무엇인가를 해야 할 의무를 가지지 않는다.

이러한 특징들을 종합해 완전한 자유권 문장을 표현하면 다음과 같다.

> 어떤 개인 a가 상대방 b에 대해 자유권을 가지고 있다는 것은 a가 b에 대해 어떤 행위 G를 해야 할 의무도 하지 않아야 할 의무도 가지지 않으며, 상대방 b에 의해서 G의 달성이 방해받지 않도록 요구할 수 있는 청구권을 가지고 있는 경우이다.

이러한 특징들을 가지는 자유권은 권리보유자와 권리상대방을 어떻게 규정하는가에 따라 다음과 같은 유형들로 나눌 수 있다.[75]

> ① 보편적이고 일반적인 자유권(universal and general liberty – rights): 누구나 자신의 생각대로 어떤 행위를 하거나 하지 않을 자유를 가지며, 이 자유를 행사할 때 강제로 방해하지 말아야 할 의무를 모든 사람들과 국가가 지는 경우의 권리이다. 양심의 자유와 표현의 자유가 여기에 해당한다.

> ② 보편적이고 특정한 자유권(universal and special liberty – rights): 모든 개인이 가지기는 하지만 특정한 상대방에게만 적용되는 권리이다. 가령 이주권이나 체류권과 같은 자유권은 모든 개인이 가질 수 있다는 점에서, 그러나 자국에 대해서나 조약을 맺은 국가들에 대해서는 행사할 수 있지만 모든 외국들에 대해서는 행사할 수 없다는 점에서 이러한 권리에 속한다고 할 것이다.

---

75) Koller, *Theorie des Rechts*, pp.104 – 105.

③ 비보편적이고 특정한 자유권(particular and special liberty - rights): 특정한 개인들이 특정한 상대방들에 대해 행사할 수 있는 자유권이다. 예를 들어 a가 b라는 이웃의 마당을 가로질러 자신의 집으로 진입할 수 있는 계약을 맺은 경우, a는 b에 대해서는 자유롭게 마당을 가로질러 갈 수 있는 자유권을 갖는다.

Ⅲ. 형성권과 권리보유자의 처분 아래 놓인 상태

"a가 b에 대해 G와 관련해 권리를 가진다."라는 진술은 어떤 경우에는 일방적인 법률행위를 통해서 자신 또는 타인의 법률관계를 직접적으로 변동시키는 힘 또는 지위를 나타내는 것으로 이해할 수 있다. 이를 호펠드는 형성권(권능)으로 명명했다.

내가 유언할 권리가 있다고 말할 때의 권리는 사후에 내 재산을 어떻게 처분할 것인지를 결정할 수 있는 법적인 권능들을 법이 나에게 부여했기 때문이다. 이처럼 법률관계를 형성하고 바꿀 법적인 능력은 청구권이나 자유권과는 다른 성격을 지닌다. 예를 들어 계약을 체결할 권리, 물건을 팔거나 살 권리, 결혼하거나 이혼할 권리, 투표할 권리, 소송할 권리 등은 어떤 권능을 함축한다. 이 경우의 권리보유자들에게는 어떤 법률행위를 창출하거나 변경 또는 소멸하는 힘이 법적으로 부여되어 있는 것이다.

또한 물건의 소유자가 소유권 포기를 선언함으로써 그 물건에 대한 자신의 모든 종류의 권리들(청구권, 형성권, 면제권 등)을 소멸시킬 수 있고 동시에 상호 대응적으로 다른 사람들에게서 그 포기된 물건에 대한 형성권(즉 그 물건을 가짐으로써 소유권을 취득하는 형성권)을 생겨나게 한다. 아니면 그 물건에 대한 자신의 모든 권리를 타인에게 양도함으로써 타인이 그 물건과 관련된 권리들을 가지게 되는 법률관계를 창출할 수 있다. 형성권에 해당하는 권리들로서는 계약해지권이나 해제권, 취소권, 형성적 신분행위를 할 수 있는 권리 등이 있다.

형성권으로서의 권리개념에 논리적으로 상응하는 법률개념은 '권리보유자의 처분 아래에 놓인 상태'(liability)이다. 이러한 상태에 있다는 것은 다른 이의 형성권의 지배 아래 놓인다는 것이다. 이 경우 '권리보유자의 처분 아래에 놓인 상태'는 불이익이나 부담만을 포함하는 것은 아니며, 이득을 포함하는 경우도 있다. 가령 제3자를 위한 계약이나 증여와 같은 경우 '권리보유자의 처분 아래에 놓인 상태'에 있는 당사자에게는 이익을 가져다주는 것이다. 형성권의 부정은 '…할 수 없음' 또는 '형성권 없음'(disability; no - power)이다.

IV. 면제권과 형성권 없음

"a가 상대방 b에 대해 G와 관련해 권리를 가진다."라는 진술은 때로는 a가 b의 형성적 처분행위에 따라서 자기의 법률관계가 좌우되지 않는 지위로 보호받고 있음을 나타내기도 한다. 즉 b는 a에 대해 G와 관련해 형성권을 행사할 지위에 있지 않음을 나타낸다. 타인의 형성적 행위로부터 보호되는 지위로서의 권리가 면제권이다. 헌법상 보장된 여러 기본권들은 입법부의 권능으로부터 좌우되지 않는 면제권으로서의 지위를 가지고 있다.

면제권의 대응관계는 상대방이 권리담지자의 법률관계를 좌지우지할 수 있는 '형성권 없음'(disability; no - power)이다. 내가 면제로서의 권리를 가지고 있다는 것은 내가 다른 사람의 형성권 아래 놓

여 있지 않다는 것이다. 즉 나는 다른 사람의 형성권 행사에서 해
방되어 있는 지위에 있기 때문에, 다른 사람이 나와 관련해서 마음
대로 법률관계를 형성·변경 또는 소멸할 수 있는 형성권을 가지
고 있지 않다는 것이다.

나의 면제권에 대응하는 상대방의 지위는 상대방의 '형성권 없
음'이고, 면제권의 부정은 '권리보유자의 처분 아래에 놓인 상
태'(liability)이다. 내가 면제권을 가지고 있으면 내 상대방은 그 대
응관계로서 내 권리를 어쩔 수 없는 상태, 즉 '형성권 없음'의 상태
에 놓인다.

가장 명확한 면제권의 예는 헌법으로 보장된 자유권들이나 청구
권들, 외교관의 면책권이다. 예를 들어 미국 헌법의 경우 불가침의
권리로서 보장하고 있는 표현의 자유나 언론출판의 자유, 종교의
자유 등과 같은 권리들은 입법부의 형성권 아래에 놓여 있지 않다.
이 권리들과 관련한 시민의 법적 지위를 변경하려는 입법부의 시
도는 헌법이 부여한 형성권의 한계를 넘어서는 행위를 한 것이다.
미국 의회는 그러한 법을 제정하지 않을 의무를 가진다기보다 애
초에 그러한 법을 제정하고 통과시킬 형성권이 없는 것이다. 즉 어
떤 종류의 권리들은 상대방의 '형성권 없음'을 논리적인 대응물로
가지는 경우가 있는 것이다.

민법의 경우를 예로 들면, 토지소유권자인 나는 내 토지를 팔 권
리(형성권)를 가지면서 동시에 나 이외의 다른 사람에 의해서 토지
가 처분되지 않을 권리(타인의 형성권 아래에 놓이지 않을 면제권)
도 가지고 있는 것이다.

제3절 호펠드 권리분석의 의의

호펠드는 앞에서 설명한 여덟 가지 개념들, 즉 청구권과 의무, 자유권과 청구권 없음, 형성권과 권리보유자의 처분 아래에 놓인 상태, 면제와 형성권 없음이 '법의 가장 최소의 공통분모'를 이루며, 우리가 권리진술과 대면했을 때 그것이 어떤 종류의 권리일까를 생각해야 한다는 점을 지적했다. 이를 앞서 살펴본 권리범주표를 이용해 다시 정리해 보면 다음과 같다.

	청구권 (claim – rights)	자유권 (liberty – rights)	형성권 (power – rights)	면제권 (immunity – rights)
대응관계	의무 (duty)	청구권 없음 (no – claim – rights)	권리보유자의 처분 아래에 놓인 상태 (liability)	형성권 없음 (disability)
반대관계	청구권 없음 (no – claim – rights)	의무 (duty)	형성권 없음 (disability)	권리보유자의 처분 아래에 놓인 상태 (liability)

위에서 든 네 가지 종류의 권리들은 기본단위이며, 실제 우리가 부딪치는 권리들은 이 권리들 중 하나이거나 서로 혼합되어 있는 경우가 많다. 따라서 정확한 권리분석을 위해서는 국가 또는 다른 사람들이 문제의 권리에 대해서 어떤 대응하는 의무관계를 가지고 있는가를 살펴야 한다. 그렇게 해당 권리의 종류와 내용이 무엇인지를 확정하게 되면 그에 따르는 의무를 구체화할 수 있을 것이다.

호펠드의 '권리 – 의무 대응명제'를 활용해 본다면, 하나의 법적인 권리에 대해 하나의 의무만이 대응하는 것이 아니라 적어도 삼중의 의무관계가 대응한다는 것을 관찰할 수 있다. 즉 어떤 개인이 법적 권리를 가지고 있다면 국가는 권리보유자에게서 그의 권리를 박탈하지 않을 의무, 다른 사람들이 권리보유자의 권리를 박탈하는 것에서부터 권리보유자를 보호할 의무, 권리를 부당하게 침탈당한 권리보유자를 구조할 의무가 있다.[76] 만일 국가가 이 세 가지 의무들을 제대로 수행하고 있지 않다면 법적인 권리는 온전하게 보장되고 있지 않다고 보아야 할 것이다.

그렇다면 호펠드의 범주구분은 법률적 논의에서 어떤 의미를 가지는가? 다음과 같은 예를 통해 어떤 법률적 의의를 가질 수 있는지를 한번 살펴보자.

양심의 자유는 본질적으로 소극적 청구권이 아니라 자유권(소극적 방어권)이다. 그렇다면 내 양심을 표현해야 할 의무나 내 양심을 표현하지 않아야 할 의무로부터 나는 자유롭다. 그리고 타인은 나에게 양심을 표현하라거나 하지 말 것을 요구할 청구권을 가지고 있지 않다. 즉 '양심을 자유롭게 표현할 권리'는 타인이 나에게 양심을 표현하지 말 것을 청구할 권리가 없다는 점과 내가 양심을 발표하도록 요구할 권리를 가지고 있지 않다는 점을 논리적으로 포함한다. 그러나 내가 양심을 표현할 때 타인이 방해할 수 있는 자유권을 배제하지 못한다.

그러나 위에서 설명한 하트의 '보호울타리설'과 '삼중 의무 대응 명제'에 비추어 보면, 헌법적 기본권으로서의 양심의 자유에 대한 권리는 소극적 청구권들(양심행사를 방해하지 않을 것을 청구할 권

---

76) H. Shue, *Basic Rights: Subsistence, Affluence, and U.S. Foreign Policy 2nd edition* (Princeton University Press, 1996), p.52.

리)과 국가의 소극적 의무들(양심의 행사를 침해하지 않을 의무)과 적극적 의무들(제3자가 개인의 양심행사를 침해할 때 막아야 할 의무)의 도움을 받을 때 비로소 현실에서 실현된다. 따라서 입법자는 자유권의 실현에 필수적인 청구권들을 지정해 놓아야 하며, 법원은 입법자의 의사를 추정하여 자유권의 실현에 필수적인 청구권들을 해석을 통해 도출해야 할 것이다. 논리적인 차원에서 자유권은 타인의 대응의무를 동반하지 않지만, 실천적인 차원에서는 자유에 간섭하고 그 행사를 제약하는 타인의 행위를 금지하는 의무들을 보호막으로서 필요로 하기 때문이다.

그렇다면 자유권의 실현에 필수적인 청구권들이 무엇인지를 정하는 것이 중요한 헌법적 문제가 된다. 따라서 자유권과 청구권의 관계는 다음과 같이 정리할 수 있을 것이다.[77]

① a는 b에 대해 G를 할 자유권이 있다.
② a에 대해 b는 a가 G를 하지 말 것을 청구할 권리가 없다.
③ a에 대해 b는 a가 G를 하는 데 방해해서는 안 될 의무를 진다.
④ a는 b에 대해 자신이 G를 할 때 방해하지 말 것을 청구할 권리를 가진다.
⑤ a에 대해 국가는 a가 G를 하는 데 방해해서는 안 될 의무를 진다.
⑥ a에 대해 국가는 b의 방해로부터 a를 보호할 의무가 있다.

⑤의 경우, 소극적 방어권의 보유자는 동시에 자기의 권리를 침

---

77) 김도균, "법적 권리에 대한 연구(Ⅰ)", pp.194 - 195.

해받았을 경우 법원에 소송을 제기할 형성권을 가진다. 따라서 양심의 자유(또는 법적 자유 일반)는 소극적 청구권과 형성권을 동반하며, 그러한 경우에만 비로소 '국가에 대한 소극적 자유권'이라는 기본적 자유권이 현실적이고 법적인 의미를 가지게 될 것이다.

⑥의 경우, 국가는 제3자로 인한 자유권의 침해로부터 권리보유자를 민·형사상의 규정을 통해 보호할 의무를 가진다. 그러한 점에서 개인은 국가에 대해 적극적인 행동을 취할 것을 청구할 권리를 가진다. 나아가 양심의 자유와 같은 핵심영역은 면제권으로서의 성격을 가지므로 국가는 이 영역에 관해 법적 지위를 건드릴 형성권이 없다.

근로자의 단결권 및 단체교섭권이나 단체행동권(헌법 제33조)의 경우, 면제권의 성격(즉 국가나 사용자의 허용이나 금지와 같은 처분권에 놓여 있지 않음)을 가지며 형성권의 성격 또한 가진다. 동시에 자유권으로서의 성격을 가지고 있으므로 사용자에 대해 단체행동(쟁의행위)을 하지 말아야 할 의무에 놓여 있지 않다. 그리고 청구권의 요소 또한 포함하고 있다. 이처럼 복합적인 호펠드 권리요소들의 통일체로서의 근로 3권은 어떤 요소들을 지배적인 것으로 볼지에 따라 권리의 실현방식이나 제한과 관련해 여러 입장이 제시될 수 있다.

즉 사용자 권리와의 충돌, 공공복리와의 충돌 등과 같은 권리충돌의 경우에 각각의 가치관에 따라 결정되기도 하겠지만, 호펠드 권리요소들의 관점에서 본다면 보다 나은 분석과 논증의 도구를 가지게 될 것이다.

제3장
_____

권리이론의 현대적 논의

권리는 왜 필요한가? 우리는 권리를 왜 중요히 여겨야 하는가? 이 질문에 답하는 방식으로 크게 두 가지 중요한 권리이론들이 발전되어 왔다. 의사설(Will Theory)과 이익설(Interest Theory)이 바로 그것인데, 하나는 개인의 권리를 중요하게 여기는 관점이고 다른 하나는 공동체의 행복을 중요하게 여기는 관점이다.

전자의 경우 개인의 소유권을 인정하는 로크적 관념과 개인의 자율성을 인간의 존엄과 연결시키는 칸트적인 권리관념이 사법의 발달을 촉진하고 공·사법의 분리를 가져왔다. 반면 후자의 경우, 헤겔(G. W. F. Hegel)의 공동체 윤리 관념이나 사회 자체를 경합하는 다수의 이익들 사이의 조정으로 보려는 예링(R. von Jhering)의 이익법학, 그리고 벤담과 밀(J. S. Mill)에 의한 개인의 행위에 대한 사회적 효용의 고려라는 관념은 개인의 권리를 공적인 측면에서 평가하게끔 하였다.[78][79]

고전적 의사설을 선호하는 경향을 가진 견해는 공·사법의 분리를 강조한다. 공법은 집단적 선택의 도구로, 사법은 정치적인 숙고와는 독립된 자율적인 논증의 영역으로 그려진다. 의사설은 체계화되고 원리화된 법의 성격을 강조한다. 반면 고전적 이익설은 법규범을 제정하는 입법적 결정과 일단 제정된 법규범의 적용에 관한 사법적 판단 대립을 강조한다.

의사설은 의사의 담지자로서 법적 인간에서 출발하였기 때문에 시민의 이익이나 다양한 상황들을 포착하지 못하고 자율적인 의사라는 형식에 얽매여 법해석의 구성, 분석, 적용에 어떠한 방향도 제시하지 못한다는 비판에 직면했다. 고전적 이익설은 법의 내용 안에 실질적인 이익에 대한 관심과 선택이 행해지는 배경(context)에 대한 관심을 가진다. 여기서 법적 권리는 자유의 보호영역에 있는 것이 아니라 보호된 이익에 있었다. 이익설에 의하면 법적 권리는 끊임없는 정책적 논의와 결정에 달려 있고, 법적 권리는 이익들

---

78) 현대 권리이론에 대한 자세한 논쟁을 살펴보려면, M. H. Kramer, N. E. Simmonds & H. Steiner, *A Debate Over Rights: Philosophical Enquiries* (Oxford University Press, 1998)를 참조할 것. 이 책에서 Kramer는 이익설을, Steiner는 전형적인 의사설을, Simmonds는 약간 변형된 의사설을 옹호하면서 권리의 본질과 특징에 대한 철학적이고 법학적인 분석을 하고 있다.

79) T. Campbell, *Rights: A Critical Introduction* (Routledge, 2006), p.43.

의 비중의 차원에서 논의된다. 결국 법적 권리의 정합성(integrity)은 위협을 받게 되고 집단적인 정책에 대해 반대하지 못하는 결과를 초래한다.

이처럼 정치적 공동체 안에는 언제나 긴장이 내재되어 있다. 자율성과 선(善), 법의 정합성과 정치적 목적, 추상적 자유와 실질적인 선택의 상황들, 이런 이분법적인 사유들이 법적 권리에 대한 분석적 논쟁의 토대가 되었다. 고전적 의사설과 이익설은 공통적으로 형식과 내용은 분리하여 발전할 수 있다는 이분법적 사고를 가졌는데, 공동체가 법을 구성함에 있어서 형식적 범주 내에서 내용의 체계화 또한 확립해야 한다는 사실을 간과한 면이 있다.

의사설은 권리의 정합성과 이성적 개인의 권능을 위한 기초로서 엄격한 형식적 체계화를 유지하려고 했지만, 그것은 복잡하고 충돌이 많은 인간의 이해관계 속에서 법의 기능을 심히 어렵게 한다. 반면에 이익설은 이해의 충돌이라는 현실과 법적 사유를 체계화하지 못하는 점으로 인해서 권리의 구체적인 힘을 희생시킬 수 있고 이해관계의 일반적인 계산으로 인해서 그 정합성을 와해시킬 수 있다.

고전적 권리논의들은 호펠드의 등장과 더불어 새로운 방향전환을 가져왔다. 하트의 선택설로 대표되는 현대적 의사설은 칸트의 영향하에 이성적인 개인의 자율성의 기능을 강조한다. 개인의 자율성을 인정하기 위하여 다른 개인들은 그의 자율성을 보호할 의무를 가진다. 의사설에서는 언제나 의무가 권리와 깊은 상관성을 가진다.

고전적 이익설이 효용의 논의 속에 권리를 정초 짓는 어려움 때문에 공리주의에 기댄 것과는 달리, 현대적 이익설은 벤담류의 이익설과는 많은 차이점을 보인다. 맥코믹은 도덕적 권리의 자연권성을 강조하는 경향을 보이고, 라즈는 공적 자율성을 강조하는 이익에 근거한 권리론을 주장한다. 법철학 안에서의 현대적 논의들은 모두 호펠드가 제기한 권리범주들에 대한 논의의 연장선에 놓인다고 파악해도 무방하다.[80]

제1절 의사설

Ⅰ. 칸트의 의사설

봉건시대의 신분질서로부터 근대의 자유주의 체제로 넘어오면서 평등한 개인과 그들의 평등한 권리는 인간의 존엄성을 이루기 위한 가장 기초적인 법적 구성물이 되었다. 권리이론에서 형식적 평등을 전제하는 인간개념을 제시한 것은 칸트(Immanuel Kant)였다.

칸트 철학은 인간을 자신의 이성을 가지고 도덕법칙과 법을 준수하며 세상을 살아갈 수 있는 존재로 묘사한다. 따라서 각 개인들 간에는 자유(즉 의사)의 양립 가능성이 존재한다. 칸트의 의사의 양립가능성과 보편화가능성은 형식주의적 측면 때문에 사비니와 그의 추종자들에 의해 독일의 개념법학 안에 쉽게 수용되었다. 칸트에 대한 많은 비판적 논의에도 불구하고 사비니는 칸트의 형식주

---

80) H. Steiner, *An Essay on Rights* (Blackwell, 1994), pp.57–58.

의적 법개념을 받아들였다. 그 이유는 법의 체계적 일관성과 개인적 자유의 형식적 평등을 가장 잘 설명해 주는 이념적 기초가 칸트 철학이었기 때문일 것이다. 칸트적 법의 지배관념은 법을 단순히 실정화된 법규범의 집합으로 간주하는 것이 아니라 의사의 자율성에 내재된 가치들에 의하여 인도된 하나의 체계로 간주한다.[81]

권리의 형식은 법의 실정성을 요구하고 그것은 공·사법을 구분하는 법의 체계화에 기여하였다. 칸트의 권리는 의사의 외적 형식과 그 관계에 초점을 둔다. 법에서는 외적 행위의 형식만이 중요하다. 보편화가능성을 명령하는 보편적 도덕법칙은 외적 행위를 규제하는 강제법칙이 된다. 이때 권리는 자의를 사용할 수 있는 개인의 의사능력으로 이해된다.

칸트의 의무론적 권리개념은 의사설의 이념적 기초를 제공한다. 그래서 의사설은 권리를 타인의 의무의 통제권능과 동등하게 이해한다. 고전적 의사설이 왜 사법에 편향된 이론을 구성하고 있는지는 바로 이와 같은 자기지배의 원리에서 설명된다.´ 개인의 자율성에 기초한 선택의 가치를 우선해 주는 사법의 우월한 전제는 바로 다른 실정법 분야에서보다 사법에서 권리의 개념논의를 활발하게 해 주는 역할을 하였다.

칸트의 권리이론은 개인들 사이의 행위 내지는 존재영역을 획정하는 문제로서 의의를 가진다. 칸트의 권리이론이 중요한 것은 사적 자율성이 인격체의 도덕적 자율성 속에서 그 기초를 가지기 때문에 사법은 그 자체 정당성을 획득할 수 있다는 데 있다. 그러나 기본적으로 형식적이고 추상화된 권리의 외형만을 법적인 고려 대

---

81) 이충진, "칸트의 권리론: 내적 권리와 외적 권리", 『철학연구』 제73집 (2002), p.171.

상으로 간주하기 때문에 구체적인 사적 자율성의 불평등한 구조를 놓쳐 버리고 만다. 따라서 형식만이 고려되고 내용이 없는 권리이론이 되어 버린다.

또한 자유선택의 영역과 상관적인 의무의 관념을 결합하는 권리이론을 제시해 주고 있는데, 이 점을 하트의 선택설이 이어받았다. 현대 의사설은 권리를 타인에 대한 의무의 통제 권능과 동등하다고 생각한다. 중요한 것은 의무의 실행 여부는 의사를 결정하는 사람이 가지고 있는 권리에 달려 있다. 의무는 상대방의 의사에 기초한 권리가 중요한 작용력을 가진다. 의무가 의사의 조건이 충족하지 않는 경우에 상관적인 권리 또한 있을 수 없다.

고전적 의사설의 주장자들은 사법에 편향된 권리이론을 구성하였기 때문에 의사설을 권리일반론으로까지 확장하기는 어려웠다. 그러나 의사설을 주장하는 사람들은 공법 안에서 추구되는 집단적인 목적이나 공동선과는 별개의 논증구조로서 사법이 보호받기를 원했다. 특히 해석적 차원에서의 권리의 보호문제는 사적 권리의 정합성에서 주로 문제가 되었다. 어쨌든 의사설에 따른 권리이론의 문제가 사법의 영역에서 주로 논의되는 것은 개인의 선택이라는 가치 및 그러한 선택을 보호하려는 사법의 이념 내지는 사법의 우월성을 앞세우기 때문이다.

II. 하트의 선택설

호펠드의 기본적인 법관념을 실질적으로 많이 사용한 사람은 하트(H. L. A. Hart)였다.[82] 그는 호펠드가 제기한 청구, 자유, 권능,

면제를 구별하는 데 신중하였고, 권리를 이들 중의 하나의 요소로 파악하지 않으려고 애썼다. 하트에 따르면 권리는 호펠드식의 권리범주들의 집합체가 아니라 자유와 의무의 통합적인 구조를 이룬다. 하트에게 중요한 것은 법철학적 이론구성이었다. 그래서 그는 자유와 의무의 관점, 즉 법적으로 인정된 '선택'(Choice)이라는 분석적 모델을 설정하였다.

하트는 자유권의 모범적인 예는 양면성의 자유이고 이러한 자유를 행사하는 데 방해요소를 '담장'(garden fence)에 의해서 보호할 수 있다고 주장하였다. 그 담장 안에 들어가지 않을 의무에 의해서 권리는 보호된다. 이 담장 안에 둘러싸인 자유의 행사는 바로 권리의 핵심을 구성한다. 이 담장 안과 밖의 분배는 권리와 선택할 수 있는 자유의 분배 간의 기본적인 연관성으로 이해된다. 이는 권리와 자유의 기본적인 연관성을 말한다. 담장 안에는 양면적인 선택을 행사할 자유가 버티고 있다. 하트에 의해서 권리는 기본적으로 자유의 분배와 연관된다는 것을 알게 되었다. 그러나 담장 안의 것이 비단 자유권의 문제만인가는 좀 더 고려해야 할 것이다.

그렇다면 하트가 담장 안의 핵심적인 권리로 본 자유권과 호펠드가 말한 특권으로서의 자유권은 일치하는 것인가? 이 둘은 자유는 '의무의 부재'라는 점에서는 일치한다. 개인의 자유에는 제2의 다른 당사자에 상응하는 의무가 포함되지 않는다. 채권자의 변제받을 권리에는 채무자의 변제의무가 반드시 연관된다. 이를 하트는 자유권의 모델로 설명한다. 채권자의 변제받을 권리의 실현은 채권자가 채무자의 변제를 포기하든가, 이행청구를 하든가 둘 중의 하

---

82) 김연미, "하트의 권리론", 『법철학연구』 제6권 제1호 (2003), p.125.

나를 선택함으로써 실현된다. 그리고 채무의 불이행시에 이행의 소를 제기하든가, 아니면 포기하든가 둘 중 하나의 선택을 하게 된다.

따라서 하트는 권리의 핵심적 특징을 양면적인 선택의 행사로 보았다.[83] 이는 권리가 통제의 필요성과 연관된 개념이고 그것은 바로 권리개념이 이익설이 아니라 의사설로 설명되는 것과 연관된 것이었다. 하트는 의사의 소유자에게만 자신의 법적 관계에 대한 통제필요성이 적절하게 설명된다고 하였다. 그렇지만 자유와 의무, 자유와 통제가 권리의 구조 모델에서 통합된 개념이라고 설명하지는 못한다. 하트처럼 권리의 핵심적 구조 안에 선택의 자유권을 두고 보호적 경계에 의무를 배치하는 모델은 법적으로 존중된 권리에서만 가능하게 된다.

그러나 선택설은 권리에 대하여 이익설보다 더 풍부한 담론을 제공한다. 법체계는 너무 엄격한 룰의 체계일 경우에는 효과적이지 못한데, 권리라는 제도는 법체계 안에 유연성을 제공한다. 하트는 권리와 개인의 자율성의 보호 사이에 본질적인 연관성이 있다고 보았으며, 그 연관성은 도덕적 언어 안에서 권리개념에 의하여 규범이 어떻게 작용하는가를 보여 준다.[84]

또한 선택설은 제3자를 위한 계약이론을 잘 설명해 준다. 예를 들어 A는 B와 B가 출장 간 사이에 B의 어머니를 보살펴 달라는 계약 내지 약속을 체결했다고 하자. 만약 A가 B의 어머니를 제대로 간호해 주지 않았을 때, A와 B는 의무자와 권리자의 관계가 된다. 하지만 계약이나 약속의 혜택자는 B의 어머니이다. 그리고 A의

---

83) 김연미, "하트의 권리론", pp.128 - 129.

84) L. W. Sumner, *The Moral Foundation of Rights* (Clarendon press, 1987), pp.98 - 99.

의무 이행에 대한 통제는 B에게 부여된다. 이 경우에 이익설에 의하면 권리자와 의무자의 관계가 잘 맞지 않는 반면에 선택설에 의할 경우에는 A의 의무 이행에 대한 통제가 B나 B의 계약으로 인해 B의 어머니에게도 부여되기 때문에 B의 어머니가 권리를 주장할 수 있는 측면이 적절히 설명된다.[85]

하지만 선택이 권리의 필수불가결한 특징 내지는 구성요건이라는 주장이 절대적인 것은 아니어서 부당하게 배타적이라는 점, 그리고 누가 권리를 소유하고 어떤 권리를 소유하는가에 대하여 아주 제한적이라는 점에서 비판의 여지를 남겨 두고 있다.[86] 또한 권리가 상관적인 의무를 가진다고 함으로써 그것으로 청구로서의 권리를 설명해 내는 문제점을 안고 있다. 모든 청구로서의 권리 내용이 상관적인 의무의 실행문제, 의무자에 의하여 실행되어야 하는 서비스의 문제라면 과연 청구자는 어떻게 그의 청구로서의 권리를 만족시킬 수 있을지의 문제가 발생하게 되는데 하트는 이 점을 설명하지 못한다.[87]

---

85) H. L. A. Hart, *Essays on Bentham: Studies in Jurisprudence and Political Theory* (Oxford University Press, 1982), p.187.

86) 하트는 원칙적으로 권리는 선택을 행할 수 있는 성인에게만 적용되는 것이라고 보았다. 그러나 그의 후기 저작들에서는 권리는 선택의 문제만이 아니라 필요의 문제에 의해서도 보충되어야 한다고 함으로써 견해를 수정했다.

87) 김연미, "하트의 권리론", pp.152 – 153.

제2절 이익설

Ⅰ. 벤담의 이익설

벤담(J. Bentham)의 권리이론은 공리주의적, 법실증주의적 시각으로부터 나온다.[88] 벤담의 법적 권리에 대한 분석에 있어서 뛰어난 점은 권리를 의무와 상관적인 혜택으로 파악하려는 점이다. 자기관련적 행위를 제외한 민·형사상 모든 의무는 의무의 이행에 의하여 혜택을 받으려는 의도를 가진 사람들에 의하여 주장된 상관적 권리이다.

벤담은 '특정할 수 있는 사람'(개인에 대한 범죄)에게 손해를 입히는 범죄와 '특정할 수 없는 사람'(공공에 대한 범죄)에게만 손해를 입히는 범죄를 구분한다. 다시 후자에는 두 가지 종류의 범죄가 있다고 한다. 공동체나 국가에 대한 공적 범죄와 특정 지역에 거주하는 사람들이나 특정한 부류의 집단에 대한 준-공적 범죄가 있다.[89] 사적 범죄는 특정할 수 있는 개인들에 대한 침해이고, 준-공적 범죄는 이웃이나 종교단체와 같은 특정할 수 없는 개인들에 대한 위반이다. 그리고 공적 범죄는 불특정한 다수의 개인들에 대한 위반이다. 이러한 범죄를 규정하는 법은 의무를 부과하고, 그 의무의 혜택자들(개인, 단체, 공동체 전체)은 그에 상응하는 권리를 가진다.

벤담의 이익설은 타인의 사적·공적 의무준수로부터 혜택을 받

---

88) 심헌섭, 『법철학 Ⅰ(법·도덕·힘)』 (법문사, 1982), pp.37 - 42.
89) Hart, *Essays on Bentham*, p.175.

는 것으로 권리를 구성한다. 누군가 권리를 가진다는 것은 의무의 이행으로부터 결과하는 의도된 혜택을 받는 것을 의미한다. 이익설에서의 권리라는 말은 결국 단지 의무의 대안적 형식일 뿐이다. 이익설에 의하면 권리라고 일컬을 수 있는 모든 것은 의무라는 필수불가결한 용어로 가장 잘 말해질 수 있다.

호펠드의 권리범주 중 면제를 제외한 청구권, 자유권, 형성권 등은 벤담에서도 설명되고 있다. 호펠드는 넓은 의미에서 면제를 하나의 권리로 파악하면서 이를 무권능과의 상관성 속에서 파악하였는데, 벤담의 이익설에서는 이 면제가 고려되고 있지 않다. 이익설로는 헌법적으로 보장된 개인의 권리를 분석하기에 충분하지 않은데, 이러한 분석을 위해서는 면제라는 관념이 필요하다는 사실을 벤담은 간과하고 있다.

II. 맥코믹의 변형된 이익설

맥코믹(Neil MacCormick)의 권리이론이 이전의 벤담의 이익설이나 호펠드, 하트의 선택설이라는 권리논의와 비교하여 주목을 받은 것은 이들이 권리논의의 한계를 "아동의 권리: 권리이론의 검증의 한 사례"(Children' Rights: a Test – Case for Theories of Right)[90]를 통해서 지적하려고 한 점이다. 맥코믹의 권리논의는 영국의 전통적인 권리논의의 연장선상에 있으면서 벤담이나 하트의 권리이론을 나름대로 극복하였다는 점에서 의의가 있다.

벤담이나 하트가 도덕적 권리에 대한 인정 여부를 확실히 밝히

---

90) N. MacCormick, *Legal Right and Social Democracy: Essays in Legal and Political Philosophy* (Oxford University Press, 1982), pp.154 – 166.

지 않은 반면에 맥코믹은 아동의 권리를 정당화하기 위하여 도덕적 코드를 논증체계에 끌어들인다. 그는 벤담처럼 권리의 실질적인 내용을 이익에 기초하는 것으로 파악하면서도 도덕적 권리를 인정하였다. 맥코믹에게 있어서 권리논의의 초점은 권리와 의무의 상관성에 놓인다. 의사설이나 하트의 선택설은 의무로부터 권리를 도출하는 논증을 하기 때문에 아동이나 의사무능력자들처럼 자율성을 가지지 못한 사람들의 권리를 인정하지 못하는 결과를 초래한다. 따라서 맥코믹은 권리를 양도할 수 없는 도덕적 권리와 양도할 수 있는 법적 권리의 측면으로 나눈다. 맥코믹의 이익설은 이후에 라즈에 의해서 도덕적 권리일반론을 전개할 수 있는 토양을 제공한다. 맥코믹은 이러한 자신의 이론을 이익설의 변형이라고 부른다.[91]

하지만 맥코믹에게 권리와 의무의 논리적 상관성 문제는 분석적이 아니라 정당화의 문제이다. 맥코믹은 우선성의 정당화는 권리와 의무의 논리적 상관성과 양립하지 못한다고 믿었다. 맥코믹에 의하면 법적 권리는 의무를 부과하는 근거를 제시하기만 하면 되고 의무와 상관적일 필요는 없다. 그러한 혜택이 개인에게 확보되어야 하고, 그런 혜택의 향유에 있어서 개인에게 규범적 보호를 제공한다. 따라서 권리는 권리보유자 자신에 의하여 향유되는 자유뿐만이 아니라, 다른 사람들에게 주는 책임이나 의무와 무권능에 의해서도 보호된다.

III. 라즈의 이익설

라즈(Joseph Raz)는 의무로부터 권리가 발생한다는 벤담의 주장

---

91) MacCormick, *Legal Right and Social Democracy*, p.163.

에 대해 반대하며, 역으로 권리가 논리적·개념적으로 의무보다 선행한다고 주장한다. 라즈는 권리를 중개자 또는 중개적 결론이라는 표현으로 설명한다.[92]

권리란 중요한 이익과 그의 보호에 필요한 의무를 중개해 준다는 것이다. 따라서 권리가 있다는 것은 중요한 이익이 있다는 주장이며, 권리나 그러한 이익의 존재는 의무부과의 충분조건이라는 것이다. 이와 같은 정의는 기본적으로 이익론이나 법익론을 전제로 한다. 즉 "어떤 이익들이 권리로 보호되어야 하는가에 대한 이론이 필요하게 되며,"[93] 이익들 간에 위계질서가 필요하게 된다.

라즈의 이익설은 그의 완전주의와 잘 결합된다. 완전주의란 쉽게 말해 인생의 목표는 완전한 삶을 영위하는 데 있다고 보는 입장이다. 이 입장에서 권리의 역할은 그러한 삶에 부합되는 가치 혹은 이익을 촉진하는 데 있다.

제3절 의사설과 이익설에 대한 평가

의사설과 이익설, 두 학설은 권리의 본질적인 면을 설명하는 데 있어 권리자의 의사와 이익 중 어느 것이 더 적합한가에 대한 대립으로서 각각의 입장과 이론구성에 있어서 분명한 차이가 존재한다.

---

92) J. Raz, "On the Nature of Rights", *Mind XCIII* (1984), p.213; J. Raz, "Legal Rights", *Oxford journal of legal studies 4* (1984), p.5. 라즈는 권리를 전자의 논문에서는 중개자(intermediate), 후자의 논문에서는 중개적 결론(intermediate conclusion)이라고 지칭한다.
93) Raz, "Legal Rights", p.10.

하지만 의사설이 이익개념을 배제하는 것은 아니며, 이익설이 의사나 선택이란 개념을 배제하는 것도 아니다.[94]

의사설은 권리의 창설 과정에서 이익이 고려된다는 점을 부인할 수 없으며, 권리의 충돌을 해결할 때 누구의 의사가 더 존중되어야 할 것인가에 대해 이익교량을 인정한다. 또한 이익설도 권리개념이 청구개념을 내포한다는 것을 인정하는 한, 의사설과 배타적인 관계에 선다고 할 수는 없다. 권리는 침해될 수 있는 것이며, 침해 시 청구권 행사의 여부 및 행사할 청구권의 선정 및 행사방식에 관해 선택 혹은 결정의 여지를 가진다는 점에 대해서는 이익설도 긍정하지 않을 수 없을 것이다.

스톨저(Samuel Stoljar)는 의사설과 이익설 모두 이익과 의사개념에 공통적으로 의존하고 있다는 점을 다음과 같이 지적한다.[95]

> "권리와 이익의 연관성을 상기한다면, 우리는 당연히 이익설을 필요로 할 것이며, 권리를 가진다는 것이 직접 또는 간접적으로, 즉 도덕적으로 또는 법적으로 응답받을 수 있는 청구를 할 수 있어야 한다는 사실에 주목할 때 의사설이 진리를 가지기 때문에 우리는 의사설로부터 어떤 점을 필요로 한다. 응답가능성이란 권리의 궁극적인 것이다. 두 이론은 종종 생각되는 것과 달리, 상호 간에 그리 배타적이지 않다. 양자 간의 관계를 첨예한 대립으로 파악하는 것은 잘못된 이분법으로 이끈다."

의사설이 이익이라는 개념을 수용하며, 마찬가지로 이익설도 의

---

94) 최봉철, 『현대법철학 - 영어권 법철학을 중심으로』 (법문사, 2007), pp.298 - 300; 최봉철, "권리의 개념에 관한 연구 - 의사설과 이익설의 비교 - ", 『법철학연구』 제6권 제1호 (2003), pp.51 - 60.
95) S. Stoljar, *An Analysis of Rights* (Macmillan, 1984), p.35. 이와 관련하여 Steiner는 제3의 가능성은 존재하지 않으며, 따라서 결국 결함이 덜한 학설을 구매할 수밖에 없다고 주장하기도 한다.

사란 개념을 수용하고 있다는 것은 사실이나, 그럼에도 불구하고 그 대립은 여전히 이분법적이라고 할 수 있다. 스톨저는 마치 화해 가능한 것처럼 말하고 있지만, 두 학설은 다음과 같은 두 가지 질문에 대하여 본질적으로 상반된 답변을 한다. 첫 번째 질문은 권리의 본질적인 면을 묘사하는 궁극적인 핵심개념이 무엇인가이며, 두 번째 질문은 권리는 무엇을 위해 존재하는가이다.

첫 번째 질문에 대해서 의사설은 의사라고 대답할 것이며, 이익설은 이익이라고 답변할 것이다. 선택설을 주장하는 하트는 이익개념이 필요하다는 점은 인정하지만, 권리를 설명하는 핵심개념은 의사라고 보아, "권리의 적절한 설명을 위해 법적으로 보장된 개인적 이익이란 관념은 도입되어야 하겠지만, 벤담의 이익설이 이익관념을 도입하는 바와 같이 도입하지는 말아야 할 것"이라고 주장한다.[96]

이익설을 주장하는 라즈도 권리개념에서 선택 또는 통제가 담당하는 기능을 무시하지는 않는다. "통제 또는 선택 권한은 권리의 한 단면 또는 권리에 따른 결과이다. …그러나 나는 권리가 권한의 근거라는 점에 특별히 의존하지는 않겠다."고 말한다.[97] 다시 말해 이들은 권리의 본질에 대한 설명에서 입장 차이를 분명히 보이고 있다.

두 번째 질문에 있어서 의사설은 권리가 있다면 권리보유자의 의사가 존중받아야 한다고 할 것이며, 이익설은 권리보유자의 이익이 존중되어야 한다고 할 것이다. 즉 의사설은 궁극적인 이익이 존재한다고 하더라도 권리자의 의사가 존중되어야 한다고 할 것이며,

96) Hart, *Essays on Bentham*, p.200.
97) Raz, "On the Nature of Rights", p.197.

이익설은 권리자의 의사에 반한다 할지라도 기본적으로는 그의 이익이 존중되어야 한다고 주장할 것이다.

결국 이익설이 대답하고자 하는 근본적인 질문은 "도대체 어떤 주장이나 지위 또는 이익이 권리로 인정될 수 있는가?"라는 차원의 질문이다. 이에 반해 의사설은 "어떤 방식으로든 인정된 권리를 가진다는 것이 도대체 무엇을 뜻하는가?"라는 물음을 다루고자 하는 것이다. 따라서 예를 들어 사회적 기본권인 생존권이 어떻게 발생하는지에 대해서 이익설은 설명하지만 의사설은 설명할 수가 없다. 의사설이 설명할 수 있는 점이라고는 생존권이 존재한다면 그 권리를 가진다는 것이, 좀 더 엄밀하게 표현하자면 생존권을 행사한다는 것이 무엇을 뜻하는지를 설명할 수 있을 뿐이다.

의사설과 이익설, 양자를 비교해 보다 나은 이론을 판가름할 수 있는 비교의 준거기준을 생각해 보면, 다음과 같은 것들이 있을 수 있다. 권리의 본질적인 측면을 어느 이론이 더 잘 해명하는가, 그리고 시대정신, 정치적 이상, 입헌민주주의의 가치에 어떤 이론이 더 잘 부합하는가, 권리들 사이의 충돌문제, 권리와 기타 규범적 가치들 사이의 충돌문제를 해결하는데, 또한 권리의 제도화 문제에 대해 어느 이론이 보다 나은 관점을 제시하는가이다.

따라서 어떤 권리의 개념을 확정하고 성격을 규명하는 작업은 권리에 내재되어 있는 의사설적 측면과 이익설적 측면을 함께 고려하고 논의하는 비교 과정을 통해 보다 분명해진다고 할 수 있다.

제4절 새로운 권리이론에 대한 논의

법실증주의와 공리주의의 벤담, 법실증주의와 자유주의를 유지한
하트, 도덕적 권리를 권리논의의 중심으로 삼은 맥코믹과 공화주의
적 공동체의 자율성을 강조하는 라즈로 이어지는 영국의 전통적
권리논의와는 달리, 미국의 권리논의는 호펠드로부터 강한 영향을
받고 있으며 특별히 의사설이나 이익설의 권리논의에 한정되어 있
지 않다.

현대의 권리논의는 전통적 권리논의가 단지 권리를 의사나 이익
의 문제로 보는 나름대로의 한계를 지니고 있기 때문에 이 둘을 모
두 아우르는 권리논의의 양상을 보이고 있다. 대표적인 예가 파인
버그(J. Feinberg)의 권리의 제재이론(the sanction theory of rights)과
웰만(C. Wellman)의 권원(權原)으로서의 권리논의이다.

파인버그의 권리논의는 호펠드의 권리범주 중 '청구'를 통해서
법적 권리개념을 도덕적 권리논의로 확대한다. 이러한 확장은 인권
의 실효성을 확보하려는 의도를 가진다.

반면에 청구로서의 권리를 강조하면서도 권리의 복합적인 성격
을 호펠드의 권리범주에 기초하여 생각한 학자는 톰슨(Judith Jarvis
Thomson)이다.[98] 톰슨은 주로 권리를 갖는다는 것의 도덕적 중요
성이 무엇인가를 묻는다.[99] 톰슨은 사람들이 어떤 권리를 가질 수

---

98) J. J. Thomson, *The Realm of Rights* (Harvard University Press, 1990), p.12.

99) Thomson, *The Realm of Rights*, pp.273-274. 톰슨은 외과의사가 젊은이 한 명을 죽임
으로써 환자 다섯 명을 살릴 수 있는 가상의 시나리오에서 청구의 침해를 구성하는데 집단적
효용의 계산에 의거해서는 안 된다고 보았다. 따라서 권리의 근거가 공적 이익에 근거하는
것을 완전히 배제할 수는 없지만, 권리를 오로지 공적 이익에 기반을 두는 것으로만 보려는

있는가에 대하여 호펠드 못지않는 포괄적인 권리영역을 가정하였다. 그중에서 청구는 톰슨의 권리이론에서도 중요한 위치를 차지한다.[100] 톰슨의 청구는 일종의 형태에 대한 제약이라는 측면에서 파인버그와 비슷한 입장을 취한다. 톰슨은 권리의 영역을 호펠드의 네 가지 권리범주 이외에 '권리체계'(right－cluster)를 추가로 설정한다. 톰슨은 청구가 되지 못하는 권리들, 즉 재산권, 자유권, 생명권 등을 바로 이런 권리체계로 설명한다.[101]

웰만은 오랫동안 권리연구를 해 온 미국의 법철학자이다. 그의 주요 관심사는 어떻게 법적 권리가 윤리적·도덕적 권리로 확장되는 것을 명쾌하게 설명해 줄 수 있는가이다. 그의 권리논의는 호펠드의 법적 권리와 하트의 선택설에 의한 보충적 연구로부터 시작하며, 그 목적은 무엇이 실질적인 권리인가를 밝히려는 것이다.

파인버그와 웰만에게서는 권리의 기능적 측면이 부각되는 공통적인 특징이 있다. 파인버그에게서는 '권리의 수행적 기능'이, 웰만에게서는 '권리의 현실적 기능'이 강조된다.[102]

논증은 권리지위를 가지는 인간의 존재에 대한 경시를 가져온다고 주장한다.

100) Thomson, *The Realm of Rights*, pp.68－69. 자유권(특권)은 청구에 의거해서 정의되고 형성권(권능)은 자유권(특권)과 청구의 지위를 변경시킬 능력이라는 점에서 중요하다. 청구를 갖는 것의 도덕적 중요성은 일반적으로 권리 가짐의 도덕적 중요성 안에서 거론된다. 그 점에서 톰슨의 권리논의는 호펠드와 다르다고 할 수 있다.

101) Thomson은 청구를 두 가지의 범주로 구분한다. 자연적 청구(natural claim)와 순수한 사회적 청구(pure social claim)가 그것이다. 자연적 청구는 순수하게 사회적이 아닌 청구를 말한다. 후자는 실정법이나 사적인 주장(예: 약속 등)에 의하여 가지는 청구이다.

102) 김연미, "권리의 구조와 근거에 대한 법철학적 연구", p.119.

제1항 파인버그의 권리이론

I. 권리의 제재이론

제재이론을 주장하는 사람들은 크게 두 부류로 나눌 수 있다. 하나는 청구의 실효성을 확보하기 위하여 제재의 존재를 필요로 하는 입장이다. 이 입장에 따르면 청구는 권리의 필수적인 요소이다. 다른 하나는 벤담처럼 법이 권리를 창출하는 것은 의무의 창출에 의해서이지 그 이외에 다른 것이 아니라는 입장이다. 법적 권리의 실효성의 확보는 제재에 의하여 확보된다. 법적 권리를 해석할 때, 제재를 법의 개념의 중심적인 것으로 보는 법명령설과 결합된 권리이론이다.

제재로서 권리를 구성하려는 사람들은 권리가 권위의 지지를 받지 못하는 경우에 개인이 권리를 가진다고 말할 수 없다고 한다. 보편적인 종교로 인정되지 못하는 종교를 믿는 경우에 종교의 자유에 대한 권리를 가지지 못하는 것은 사람들의 지지를 받지 못했기 때문이다.

이 경우에 권리를 가진다는 것은 관행의 문제이다. 권리가 만일 제재의 확보 앞에서만 존재할 수 있는 것이라면 실효성 있는 관행이나 규범의 기초 위에서만 권리를 가지게 된다. 따라서 권리를 원리의 문제로서 사람들에게 귀속시키려는 것은 난센스가 된다.

II. 청구로서의 권리

파인버그(Joel Feinberg)는 호펠드처럼 법적 권리를 청구라고 주장한다. 그에 따르면 권리는 일종의 청구이다. 그리고 청구는 '권리에 대한 주장'(an assertion of right)이다.[103] 그러나 파인버그식의 청구로서의 권리는 호펠드의 청구와는 다르다. 호펠드가 엄밀한 의미에서 권리를 단순한 자유들이나 권능과 구분했다는 점을 파인버그도 역시 따르고 있다. 그러나 파인버그는 청구의 관념을 법적 청구권뿐만 아니라 도덕적 청구개념에까지 확대하였다.

파인버그식의 청구는 단순한 청구는 아니고 타당한 청구를 일컫는다. 그는 권리를 설명하는데 (ⅰ) …에 대하여 청구하는 것(making claim to…), (ⅱ) …라고 청구하는 것(claiming that…), (ⅲ) 청구를 가지는 것(having a claim)을 각각 구별한다.

청구는 언어행위(Speech Act)이다. 즉 청구는 무엇인가의 반환(return)이나 승인(recognition)을 의미한다. 그러나 말하는 행위는 규범적으로 정당화의 근거를 가지고 행해진다. 그러므로 무엇인가를 청구한다는 것은 단지 요구하는 것이 아니라 왜 청구권자가 그것을 가져야만 하는가, 그리고 그것은 왜 그에게 귀속되어야 하는가 등에 관하여 그 요구를 합법적 근거들을 가지고 정당화하는 것이다.

따라서 청구는 두 가지의 역할을 한다. '언표적(기술적)'(propositional) 역할과 '수행적'(performative) 역할이 그것이다.[104] 전자의 측면에서 보면 청구는 "나는 …권리를 가질 권한이 있다."라고 말하는 상황이 될 것이다. 이 주장이 청구의 성격을 가지려면 그것은 진리성의 검증을 받아야 한다. 즉 경험적인 증거와 관련된 검증을 받아야 할

103) J. Feinberg, "The Nature and Value of Rights", in Rights, ed. C. Nino (New York University Press, 1992), p.193.

104) Feinberg, "The Nature and Value of Rights", pp.194 – 195.

것이다. 아니면 권리의 경우에는 그 권리가 도출된 근원이나 규범, 또는 원리와 관련되어 있어야 할 것이다. 후자의 측면에서 수행적인 청구란 권리 주장자가 이미 자신에게 속해 있는 것이든, 기존의 규범에 따라 자신에게 속해 있어야 하는 것을 돌려 달라고 요구하는 것이든 그것을 강조하게 된다.

언표적(기술적) 청구는 경우에 따라 강약의 정도가 있을 수 있고 개연성이 고려될 수 있는 반면에, 수행적 청구는 정도에 있어서 다양하지 않다. 청구를 강력하게 주장할 수는 있지만 청구되는 권리는 다양하지 않을 수 있다. 권리를 청구한다는 것은 결국 그것을 행사하는 것이고, 더 나아가 그것을 행사하는 데 필요한 조치를 하는 것이다. 언표적(기술적)인지 수행적인지의 구별은 청구의 의미를 확인하는 데 중요한 것이기는 하나 이 두 가지 의미는 다른 단어들과 서로 혼합되어 사용되는 것이 현실이다. 그러나 청구는 권리라는 말에 이미 내재되어 있는 주장이다. 즉 권리를 가진다는 것은 청구를 전제로 한다. 청구는 그러한 권리를 활성화시키거나 설정하도록 한다. 왜냐하면 권리는 자기 실행적인 것이 아니고 규범적인 관계 속에서 구체화되어 있기 때문이다. 따라서 권리는 수행에 의존되어 있고, 그 작용적 실제는 청구능력이 된다. 청구할 수 없는 권리는 불완전한 것이 아니라 공허한 성격을 가진 것이다.[105]

그렇다면 파인버그에게 권리란 무엇인가? 그것은 청구권이다.[106] 다른 사람들에게 강요하고 정당하게 요구할 수 있는 그런 것이다. 그러나 파인버그에게 권리와 청구는 반드시 같은 것이 아니다. X

---

105) Stoljar, *An Analysis of Rights*, p.3.
106) J. Feinberg (문창옥 옮김), 『사회철학』 (종로서적, 1992), pp.105 - 106.

에 대한 권리를 갖는 것과 X에 대한 청구를 갖는 것은 다른 것이다. X에 대한 청구를 갖는다는 것은 X에 대한 권리를 가질 수 있는 최소한의 개연성에 대한 적절한 근거들로 이루어져 있고, 그것은 X에 대한 권리를 확정지어 주는 것이 아니라 공정하게 배려받을 권리를 확정지어 주는 것이다.

예를 들어 기아상태에서의 기본적 욕구가 청구가 아니라 권리에 속하는 것이라면 이는 개인에 대한 타당한 청구를 말하는 것이 아니라 어떤 특정의 선(善)에 대한 권리개념을 말하는 것이다. 그래서 선 자체에 대한 자연적인 욕구는 비록 그 욕구가 충족되지 못하더라도 욕구충족을 위해 무엇인가를 할, 즉 청구할 수 있는 위치에 있는 사람인 것이다. 이렇게 기본적인 욕구의 주장인 청구는 '잠재적인 권리'가 된다. 그래서 파인버그는 권리를 정당화된 청구라기보다는 타당한 청구라고 정의하고 싶다고 말한다. 이때 타당성은 규칙체계에 따르는 정당화로 특수하고 좁은 의미의 정당화가 된다. 타당성은 반드시 법적인 권리에게만 해당하는 것은 아니고 권리일반론으로서 도덕적 권리에도 적용된다.

파인버그의 권리는 타당한 청구로서 정의되고 그것이 가지는 메시지는 아주 강한 호소력을 가진다. 즉 "권리소유자는 적절한 상황에서 '급박하게, 단호히, 그리고 집요하게' 자신의 권리를 요구하거나 당당하고 자신 있게, 결연한 자세로 자신의 권리를 내세울 수 있다. 권리란 단순히 사랑이나 동정에 의해 주어지는 선물이나 호의가 아니다. 권리란 인간이 고수할 수 있는 어떤 것이며, 주저함이 없이 당당하게 주장하거나 요구할 수 있는 어떤 것이다."[107]

---

107) Feinberg, 『사회철학』, p.97.

그래서 권리가 충족되지 않는 경우에는 마땅히 분노하는 것이고 행여 충족되더라도 감사할 필요가 없는 것이다. 왜냐하면 우리가 받은 것은 단지 우리 자신의 소유물 내지 정당한 몫에 지나지 않기 때문이다. 따라서 권리는 사랑이나 동정이나 권위에 대한 순종과 맞바꿀 수 없는 그런 소중한 가치인 것이다. 파인버그의 '청구'로서의 권리논의는 왜 우리에게 권리가 필요한가를 일깨워 준다고 할 수 있다.[108]

제2항 웰만의 권리이론

Ⅰ. 권원으로서의 권리

권리를 주장한다는 것은 무엇일까? 현대의 권리이론가 중 웰만(Carl Wellman)[109]은 권리를 주장하는 것은 호펠드의 권리범주들 중의 하나인 법적 지위(legal position)를 취하는 것이라고 해석한다.[110] 웰만은 호펠드의 권리범주의 하나인 법적 지위를 권원(權原,

---

108) 파인버그는 의무로 가득 찬 청구 없는 'Nowheresville'라는 가상세계의 실험을 통하여 권리가 없는 의무만의 세계는 불가능하다고 주장한다. 결국 권리의 세계는 인간에게 기본적으로 정당한 몫을 청구할 수 있는 가장 기본적인 제도를 의미한다는 것이다.

109) 웰만은 처음에는 철학자로 출발하였다. 그가 학자로서의 길을 가기 시작한 1950년대는 분석철학과 비트겐슈타인의 영향이 큰 시기였음에도 그는 비트겐슈타인의 언어철학에 설득당하지 않고 윤리적·정치적·법적 철학에 관심을 가졌다. 그의 초기 철학적 입장에 대한 자세한 정리는 다음을 참조할 것(P. M. S. Hacker, "Egocentric Predicament Revised", in *Rights and Reason: Essays in Honor of Carl Wellman*, ed. M. Friedman, L. May, K. Parsons & J. Stiff (Kluwer Academic Publishers, 2000), pp.7 – 22). 권리에 관한 웰만의 저서로는 *The Theory of Rights* (1985), *Real Rights* (1995), *An Approach to Rights: Studies in the Philosophy of Law and Morals* (1997), *The Proliferation of Rights: Moral Progress or Empty Rhetoric?* (1999), *Medical Law and Moral Rights* (2005) 등이 있다.

title)이라고 말한다.

권원으로서 권리론은 크게 두 가지 특징을 보인다. 첫째, 권리를 권원의 관점에서 바라보는 시각은 기존의 권리논의인 이익설과 의사설, 양 이론 모두 권리를 분석하는 데 필요하다고 본다. 둘째, 권리를 하나의 권원으로서 바라보는 관점은 권리라는 개념이 모든 법체계의 특정도 아니고 또 도덕성을 구성하는 요소도 아니라고 생각한다.

먼저 두 번째의 관점부터 생각해 보자. 권리라는 개념을 가지고 있는 법체계나 도덕성 안에 특징적인 것은 무엇인가? 권리는 반드시 '소유자', 즉 누군가의 권리가 되지 않고서는 권리라고 할 수 없다. 그러나 권리만 이런 규범적 속성을 가지는 것은 아니다. 예를 들어서 누군가의 의무나 책무가 아닌 의무나 책무는 있을 수 없다. 다만 그것은 규범적 구조의 일반적 속성은 아니다. 즉 권리와 의무가 누군가의 권리와 의무가 되어야 하는 것과는 달리 규범이나 원리는 특정 개인에게 속할 필요는 없다는 것이다.

영어에서 권리에 가장 가까운 단어는 entitlement이다. 단어의 의미로부터 유추해 볼 수 있는 것은 권리의 소유자는 바로 권원의 소유자라는 것이다. 권리를 가지고 있는 법 및 도덕체계의 특징은 사람들에게 권원을 부여한다는 것이다. 권원의 소유는 소유자가 법 및 도덕적 관심의 중심에 있다는 의미이다. 권원이 자신의 행위에 관한 것이라면 그 권원이 그 행위들을 정당화한다. 그의 권원이 다른 사람의 행위에 관한 것이라면 권원이 요구하는 대로 다른 사람들이 행위할 것을 요구할 근거를 제공한다.

---

110) C. Wellman, *The Theory of Rights* (Rowman, 1985), pp.18 - 19.

모든 법 및 도덕 체계가 권리를 창설하지는 않는다. 규범의 체계는 누군가에게 권원을 부여하지 않고서도 관계구조를 설정하고 규범을 정할 수 있다. 규범의 체계는 모든 사람이 그에 따라야만 하는 올바른 행위구조를 설정한다. 예를 들어 십계명에 있는 "살인하지 말라.", "도둑질하지 말라.", "이웃에게 불리한 거짓증언을 하지 말라." 등의 도덕적 요구들은 신의 의지에 기초하고 있지만, 신이 인간에게 부여하는 권원은 아닌 것이다. 도덕 및 법체계의 특성은 종종 규범의 특정한 내용 문제가 아니라 그 규범들을 어떻게 생각해야 하느냐의 문제로 귀결된다.

"살인하지 말라."는 계명은 사람이 살해되지 않을 권리를 말하는 것이고, "거짓 증언을 하지 말라."라는 계명은 개인이 누군가의 거짓 속임수를 당하지 않을 권리를 말하는 것이다.[111] 하트의 말대로 법의 발전이 덜 된 사회에서는 일차적인 규칙의 형식 속에서, 그리고 비공식적인 규칙 체제 속에서도 잘 생활할 수 있다.[112]

첫 번째의 관점은 다음과 같다. 권원으로서의 권리에 이르면 권리는 이익이나 의사의 문제가 아니라, 법이나 규범이 개인에게 부여한 권리나 권원의 문제가 된다. 사법처럼 개인에게 이익을 부여하는 규범이라 해도 그 권리는 그 이익의 권원이 되는 것이다. 인간의 행복을 위해 고안된 그러한 규범들은 인간에게 권리를 부여하는 규범들이 된다. 그래서 다른 사람의 의무 이행의 통제에 관여하는 규범들도 개인에게 권원을 준다.

---

111) H. Steiner, "The Natural Rights to Equal Freedom", *Mind LXXXIII* (1974), pp.195 – 201.
112) Hart, 『법의 개념』, pp.120 – 121.

II. 현실적 기능적 권리론

권리논의의 한 축을 벤담 이래로 하트와 맥코믹, 그리고 라즈로 이어지는 영국의 전통에서 찾는다면, 다른 한 축은 호펠드의 영향 하에 있는 파인버그나 웰만의 권리논의 전통에서 발견할 수 있다. 전자가 벤담의 강한 영향권하에서 논의를 전개하고 있는 것과는 달리, 후자는 호펠드의 강한 영향권하에 있다.

호펠드의 영향하에 있는 권리논의들은 의사설과 이익설을 극복하려는 경향을 가진다. 특히 웰만은 의사설에 기울어진 권리논의를 하면서도 미국식의 강한 법현실주의적 경향을 받아들여 현실적이고 구체적인 권리가 무엇인가에 초점을 둔 권리논의를 전개한다. 웰만의 권리논의는 라즈를 제외하고 거의 누구도 부인할 수 없을 정도로 20세기 권리논의의 한 획을 그었다고 평가받는다.

웰만의 권리논의에 영향을 준 주요한 인물들로는 호펠드와 하트, 그리고 로스(Alf Ross)를 꼽을 수 있을 것이다. 법을 명령이나 규범적 문장으로 구성된 논리체계로 생각할 경우에 이런 규범 문장들이 구체적인 사실적 진술들과 더불어 구체적인 법적 결론을 함의하고 있다고 해도, 현실의 법은 입법부, 행정부, 사법부를 포함하는 사회제도의 기능적 체계인 것이다. 따라서 권리 또한 그러한 체계의 일부로서 기능적 관점에서 파악될 필요가 있다. 이는 법현실주의의 영향 때문이다. 웰만은 미국과 스칸디나비아 법현실주의의 관점에서 권리에 대한 법현실주의의 견해를 공식화하려고 노력하였다. 미국 법현실주의는 법을 법관의 행태에 관한 사실적 진술로 환원하려고 하고, 스칸디나비아 법현실주의는 전형적으로 법 공무원들과 법의 규범성을 설명하기 위하여 법에 따르는 사람들의 감정이나 느낌에 호소하려고 한다. 웰만도 법과 권리에 관하여 이런 분위기를 수용하고 있는 것 같다.

웰만의 권리이론은 현실적이고 구체적인 권리의 기능에 초점을 둔 논의이다.[113] 그의 권리이론은 세 가지 차원에서 현실적 의의를 갖는다. 첫째, 권리의 충돌 측면이다. 둘째, 권리의 사회적 보호 측면이다. 셋째, 권리의 확산과 관련된 권리의 근거 조건에 대한 것이다. 그의 권리이론은 누가 권리의 소유 주체가 될 수 있는가를 알게 해 주며, 여러 종류의 권리범주들 사이의 구별의 유용성을 제공한다. 또 도덕적 권리가 법적 권리로부터 어떻게 동일성과 차이성을 가지게 되는가를 알려 준다. 그럼으로써 현실적인 권리와 가상의 권리 사이를 구별할 기준을 제공하고, 권리들이 충돌한다는 것이 무슨 의미를 지니고 그런 충돌이 어떻게 해결될 수 있는가를 이해하게 해 준다.

웰만은 권리를 유출시키는 모든 규범적 체계인 법적·도덕적 권리를 포괄하는 일반적 권리이론을 구상한다. 단지 이러한 범주를 구분하는 특징은 현실적이냐 비현실적이냐일 뿐이다. 웰만에 의하면 호펠드식의 법적 권리범주론은 다른 일반적 권리들의 모델이 된다. 웰만이 바라보는 권리의 접근방식은 호펠드식의 법적 권리를 다른 도덕적 권리와 제도들 안에서의 권리관계에 적용·확대 한다. 이러한 법적 권리를 권리이론의 모델로 취하는 것에 대하여 라즈는 많은 우려를 표명한 바 있다.[114] 그러나 웰만은 "법적 권리의

---

113) 김연미, "권리의 구조와 근거에 대한 법철학적 연구", pp.133 - 134.
114) 라즈는 법적 권리에 대한 설명을 호펠드의 권리론에서 그 출발점으로 삼는 베커(L.

옹호"(*Upholding Legal Right*)라는 논문을 통하여 법적 권리 모델의 유용성을 보다 분명히 하였다.[115] 하트의 법적으로 존중된 선택으로서의 권리개념에 대한 비판적 반성과 수용을 통하여 그는 권리의 복합적인 구조를 설명하는 계기를 마련한다.

웰만의 권리에 대한 관점이 보다 뛰어난 점은 법적 권리를 법적 관계의 복합적인 구조로 설명한다는 것이다.[116] 웰만은 권리를 단순한 법적 관계로 환원하는 것을 거부하고, 몇 가지의 법적 청구, 자유, 권능, 그리고 면제를 권리총체로 구성하는 모델을 취한다. 그러나 결국 권리를 주장하는 것은 이 복잡한 권리구조 속에서 하나의 근본적인 법적 지위를 찾아가는 문제라는 것을 지적한다. 또 권리의 기능에 대한 그의 견해는 새로운 권리논증을 할 수 있는 길을 열어 준다. 즉 권리에 있어 특징적인 것은 권리보유자에 의해서 권리의 핵심적인 내용이 결정된다는 것이다. 바로 권리보유자의 자율

Becker), 웰만(C. Wellamn), 그리고 플랫만(R. Flatman)과 같은 철학자들에 대하여 우려를 표명한다. 왜냐하면 이 철학자들은 법적 권리를 그 모델로 삼아서 권리론을 펼치는데, 라즈는 그럴 경우 권리론은 보편성을 획득할 수 없다고 비판한다. 그래서 드워킨이나 파인버그식의 권리론을 오히려 지지한다. 즉 라즈는 드워킨이나 파인버그처럼 일반적 권리론에 대한 설명의 기초 위에서 법적 권리를 생각하는 것이 바람직하다고 본다. "모든 권리의 분석을 위한 기초로서 법적 권리를 보는 경향은 위험이 없지 않다. 그 위험은 법적 권리에 대한 특정한 제도적 성격에 기초한 설명으로 나아가고 일반적으로 권리에 대한 관념을 왜곡한다."(Raz, "Legal Rights", pp.1 - 2). 왜냐하면 법적 권리는 의무를 실현시키고 의무를 이행하지 않는 경우에 강제를 적용할 규범적 권능에 기초하여 설명되기 때문이다. 호펠드식의 권리이론을 논의의 출발점으로 잡는 사람들이 잘못한 점은 권리의 중요성을 개념 정의를 가지고 시작한다는 것이다(Raz, *The Morality of Freedom*, p.165). 또 하나의 위험은 '권리'라는 철학적 정의는 강제(coercion)이나 권위(authority), 기타 용어들처럼 하나의 용어의 일상적인 설명과는 다른 것이다. "법적 제재나 구제수단의 유추를 찾기 위하여 행위의 옳고 그름에 대한 주장의 표현들은 제재(sanctions)로 해석된다고 본다. 즉 신념의 표현, 양심의 가책 등은 처벌과 유사한 것으로 본다. 잘못 행동하였다고 하는 사람들의 판단은 내적 제재로 간주된다. 처벌과 보상에 대한 요구주장은 범죄행위(wrongdoing)에 대한 판단에 기초하고 그에 의하여 정당화된다."(Raz, *The Morality of Freedom*, 제7장 참조).

115) C. Wellman, "Upholding Legal Rights", *Ethics 86* (1975), pp.49 - 60.
116) 김연미, "권리의 구조와 근거에 대한 법철학적 연구", p.134.

성이 권리 전체 기능을 주도한다는 것이다.

또 하나는 법적 권리의 사회적 보호이다. 어떤 법적 권리도 사회적 보호가 없다면 의미가 없다. 법률가들은 그들의 권리 정의 안에서 사회적 보호를 어떻게 구성할 것인가를 항상 고민해 왔다. 권리와 자유의 필연적인 연관을 강조했던 하트조차도 법적 권리라는 그의 모델 중앙에서 양면적 자유를 둘러싸고 의무의 보호적 범위를 덧붙였다. 이는 권리의 보호가 권리에 의하여 함의된 법적 의무의 실행에 있다는 것을 암시한다. 그러나 만일 법적 자유, 권능 그리고 면제가 권리를 보호하는 데 기여한다면 이러한 사회적 보호의 관념은 아주 단순화되고 심히 잘못된 것이다. 특히 법적 제재의 부여로 확인되는 실효성은 법적 권리를 옹호하는 것과 관련된 작은 일부분일 뿐이다. 그래서 웰만은 의무를 실행시키는 데 중점을 두는 것이 아니라 권리를 옹호하는 데 있어서 사회적 보호를 재구성하는 데 역점을 두었다.

이런 점에서 그의 권리논의의 일반적 성격은 그것이 현실적 권리냐 비현실적인 가상의 주장된 권리일 뿐이냐를 구분하는 데 있다. 그는 현실적인 권리를 위한 권리의 근거를 논증하는 두 가지 방식을 주장한다. 즉 규범적 요소와 사실적 요소이다. 이는 20세기에 권리논의가 증대되는 현상에 대한 그의 우려와 일맥상통한다고 볼 수 있다. 그는 권리라는 용어가 확대되는 것에 대하여 우려하고 그것이 정치적 담론으로 이용되는 것을 걱정한다. 주장된 권리들은 현실적인 권리가 되려고 노력한다. 그러나 반드시 권리라는 용어를 사용한다고 해서 그것이 권리주장자에게 도움이 되는 것은 아니다. 어쨌든 웰만의 권리논의에서는 권리에 대한 충돌과 최근의 권리의

확산 현상에 이르기까지 권리를 둘러싼 다양한 주제들이 다루어지
고 있다.

Ⅲ. 권리의 확산

웰만 권리이론의 성격은 현실적이다. 그는 어떤 권리가 현실성을
가지느냐를 묻고 그 현실적인 권리만이 보호된다고 본다. 현실적
권리에 대한 강조는 20세기 후반에 나타난 권리의 확산현상과 관
련이 있다.

우리 주변에서 쉽게 찾아볼 수 있는 권리의 확산현상의 예는 권
리와 의무의 상관성을 거부하고 동물에게도 생명이 있기 때문에
인간적으로 대우받을 권리가 있다고 주장한다거나 인간들은 동물
들을 법적으로나 도덕적으로 잔인하게 대우하지 않을 의무가 있다
고 주장하는 경우이다. 그러나 이러한 권리확산은 웰만의 말대로
비현실적이고, 가상의, 분명하지 않은 권리주장들로 나타난다. 권리
의 확산은 복잡한 사회적 현상을 반영하며, 이러한 현상들은 크게
세 가지 흐름으로 정리해 볼 수 있다.[117]

첫째, 도덕개혁론자들은 우리에게 친숙하지 않은 이상한 수많은
도덕권리들을 주장한다. 그들의 주장에 따르면 이런 권리들은 새롭
게 등장한 권리가 아니라 인식하지 못했던 이미 존재했었던 것들
이다.

둘째, 새로운 법적 권리의 확산현상이다. 이때 권리의 창출은 주
장된 것이 아닌 현실적인 것이다. 실제로 현대 사회에서는 많은 법

---

117) Wellman, *The Proliferation of Rights*, p.2.

적 권리들이 생겨났고 그것은 입법과 사법적 결정을 통하여 급속하게 도입되었다. 이러한 법적 권리의 확산현상을 도덕개혁론자들은 옹호한다. 왜냐하면 근본적인 도덕적 권리를 보호해야 한다는 것을 근거로 새로운 법적 권리를 주장하기 때문에 법적 권리확산은 정치적 담론과 혼재되어 나타나기 때문이다.

셋째는 정치담론에서 권리라는 용어의 확산현상이다. 사회적·정치적 논쟁은 비현실적인 도덕적 권리에 호소하는 경향을 증가시켰으며 그런 권리들을 새로운 법적 권리로 도입할 것을 주장하고 있다. 권리라는 언어를 가지고 정치담론을 해결하는 것은 사회적 가치를 혼란스럽게 하고 더 나아가 해롭기까지 하다.

웰만은 권리의 확산이 지금도 계속되고 있으며 가속도가 붙었다고 주장한다. 그러면서 그는 이러한 주장된 도덕적 권리들이 진짜 권리냐 아니면 가상의 것이냐를 묻는다. 또 그는 이러한 새로운 법적 권리가 우리의 긴급한 사회적 문제를 해결하고 우리의 법체계를 보다 정의롭게 만드는가를 묻는다. 그러면서 그는 권리라는 용어가 정치적 수사학에서 자주 사용되는 것은 사회적 문제를 왜곡시키고 좀 더 유용한 어휘들을 제외하고 있는 것은 아닌가 하고 묻는다. 결국 최근의 권리의 확산은 도덕적 발전이냐 아니냐에 대한 의문점을 낳는다는 것이다.

마머(Andrei Marmor)는 "권리는 원래가 그 안에 한계를 가진 용어이기 때문에 충돌이 일어나기 전이라도 모든 각 권리는 부분적으로 그 자신의 한계를 가진다."고 하였다.[118] 마머의 견해에 동조하든 하지 않든 웰만의 권리논의의 주요 내용 중의 하나는 권리의

---

118) A. Marmor, "On the Limits of Rights", *Law and Philosophy 16* (1997), p.2.

충돌이다.

우선 웰만은 권리가 현실적으로 충돌하는가를 묻는다. 그리고 권리의 충돌이 내재된 의무의 충돌로 연역하는 것은 잘못이라고 주장한다. 권리의 충돌은 그 권리의 핵심이 논리적 · 실천적으로 양립하지 못할 때뿐만 아니라 핵심적 권리와 결집된 요소 사이의 충돌, 또는 결집된 요소들 상호 간의 충돌이 존재할 때도 나타난다. 웰만은 이러한 식의 권리충돌 파악이 문제를 해결하는 데 중요하다고 이해한다. 따라서 권리가 충돌하는 상황은 "충돌하는 권리 둘 다 현재의 상황에서 전적으로 향유, 행사될 수 없을 때"라고 본다.

웰만은 법적 권리의 충돌에 대한 세 가지 잠정적인 가설을 전개한다.[119]

첫째, 사법적 논증은 법적 권리의 충돌이 현실적이라는 것을 인정한다. 둘째, 사법적 논증에서 충돌하는 권리들 간의 이익균형이 필요하다는 것을 발견할 때, 권리충돌의 현실성은 분명해진다. 셋째, 이러한 논증을 통하여 어떤 권리는 다른 권리보다 현실적인 것이 되고 어떤 권리는 비현실적 권리가 된다는 것이다.

웰만에 따르면, 권리의 충돌은 권리를 현실적인 것과 비현실적인 것으로 구분하는 기준을 권리의 논증 과정에서 파악하게 한다. 따라서 법적 근거의 문제로서 문제된 법적 권리가 인정되는 해당 규범이 법체계에 존재해야 한다. 권리를 부여할 수 있는 법체계는 청구, 자유, 면제, 권능을 부여하는 규범을 포함하고 있어야 한다. 왜냐하면 웰만의 권리체계는 호펠드적 지위체계를 포함하는 복잡한 체계이기 때문이다. 법체계의 규범은 권리를 단편적으로 설정한다.

---

119) C. Wellman, *Real Rights* (Oxford University Press, 1995), p.215.

즉 법체계 규범은 권리를 구성하는 여러 법적 지위의 근거를 설정해 놓는다. 또 법체계 규범은 권리를 직접적으로 규정할 수도 있다.

웰만에게 법적 권리의 존재는 법적 근거와 법적 논증의 결과로부터 나온다. 썸너(Leonard Wayne Sumner)는 위와 같이 법적 권리가 충돌하는 관점을 세 가지로 분류한다. 그는 "권리들 간의 이익형량(balancing rights), 둘 중의 하나의 권리를 제한하는 경우(limiting rights), 권리의 충돌의 실재성(the reality conflicts)"이라는 세 가지 관점에서 바라본다.[120] 법원이 권리들 간의 균형을 생각하는 경우에 두 권리 간의 비중을 고려할 것이다. 법적 논증은 하나의 권리와 다른 하나의 권리가 충돌하는 경우에 이익의 비중을 고려하여 하나의 권리를 배제한다. 이때 권리의 충돌이 분명한 혹은 단지 주장된 비현실적인 경우에는 일련의 권리세트는 다른 권리세트를 제한한다고 규정함으로써 서로 충돌하지 않는 것으로 본다.[121]

경합하는 권리가 가지고 있는 문제를 법원은 어떻게 해석할까 고민할 것이다. 그러나 웰만은 미국처럼 커먼로(common law) 체계에서 법원은 법적 권리의 충돌을 배제하는 결정을 한다고 한다. 법원은 권리충돌을 배제하는 새로운 선례를 계속 추가하기 때문에 권리충돌은 현실적으로 드물게 일어난다. 선례구속의 원리를 승인하는 법체계에서는 법이 발전함에 따라서 권리의 충돌은 흔하지 않다고 주장한다.

---

120) L. W. Sumner, "Rights, Interest and Free Speech", in *Rights and Reason: Essays in Honor of Carl Wellman*, ed. M. Friedman, L. May, K. Parsons & J. Stiff (Kluwer Academic Publishers, 2000), p.26.

121) Wellman, "Rights, Interest and Free Speech", p.215.

제5절 새로운 권리이론에 대한 평가

　새로운 권리논의는 전통적인 권리논의와는 달리 권리의 구조와 근거라는 관점에서 보다 발전되고 정교한 형태를 취하고 있음을 알 수 있다. 권리는 복잡한 체계이다. 이 복잡한 체계를 헤쳐 나가는 길은 호펠드와 같은 권리분석의 범주를 권리의 논의 안에 들여오는 것이었다. 하트가 이를 시사하여 주었고, 웰만은 그 논의를 보다 발전시켰다. 복잡한 구조를 가지는 권리론은 권리를 정당화해야 하는 문제에 있어서도 그것이 간단하지 않다는 점을 내포하고 있다. 법적 권리를 권리의 일반적 모델로 취하는 웰만은 권리를 정당화해야 하는 진정한 이유가 무엇인지, 권리가 충돌하는 경우에 어떤 권리가 현실적인 것이냐를 묻는다.

　고전적 권리논의인 의사설과 이익설에서는 권리의 구조와 근거의 관점이 분명히 드러나지 않았다. 이에 관한 논쟁은 아직도 계속되고 있으며 쉽게 해결될 여지를 보이고 있지 않다. 하지만 현대의 새로운 권리논의들은 의사설과 이익설, 어느 한쪽에도 치우치지 않는 권리논의를 펼치고 있다.

　앞에서 살펴본 파인버그와 웰만의 권리이론이 그 대표적인 예라 할 수 있다. 파인버그의 권리이론은 이념적인 측면을 가진다. 파인버그의 권리이론은 왜 인간에게 권리가 필요한가에 대한 문제의식을 일깨운다. 인간으로서의 지위에서 가지는 자신의 정당한 몫에 대한 청구는 왜 인간에게 권리가 인정되어야 하는가에 대한 권리의 이념성을 말해 준다. 이와 대조적으로, 웰만의 권리이론은 현실적이다. 현실적으로 권리라고 주장되는 것들의 존재조건을 탐구한다. 그는 권리를 자율성의 체계로 설명한다. 권리의 근거를 자율성으로 파악하지 않으면 안 되는 이유가 웰만에게 이르면 더욱 분명해진다. 권리는 반드시 의무를 함의하지는 않지만 보호를 받아야하는 어떤 것이다. 따라서 구제받지 못하는 권리는 의미가 없다. 자율성의 체계로서의 권리의 구조와 근거에 대한 존재조건의 탐구는 권리의 확산현상과 무관하지 않다.[122]

하지만 우리가 보다 주목해야 할 것은 점점 증가하고 있는 권리의 확산과 충돌현상에 대한 이론정립과 해결방안이다. 새로운 권리들이 계속해서 생겨나고 이를 정당화하려는 목소리는 높아져만 간다. 그 결과 권리의 충돌과 갈등은 심화되어 가고 있다. 전통적인 권리논의와 새로운 권리논의 모두 권리의 구조와 근거를 설명하고 분석하는 데 급급하여 이러한 현실문제에 대한 대안을 제시하는 데에는 소홀히 해 온 것이 사실이다. 그리고 무엇보다도 우리 사회에서 이러한 문제들을 진지하게 고찰하고 연구하려는 시도는 별로 없었다고 해도 과언이 아닐 것이다.

우리 사회는 근대화 과정에서 권리론에 대한 많은 시행착오를 거쳐 자유주의 사상과 법질서를 확립해 왔다. 그로 인해 권리보장을 기치로 삼던 시기도 있었지만 어느 순간부터는 넘쳐나는 권리주장으로 인해 권리담론의 폐해가 주장되고 있는 형편이다. 권리의 본질에 대한 논의가 의사설과 이익설로 나뉘어 아직도 확실한 결

---

122) 이와 관련하여 새로운 권리의 재구성을 주장하는 목소리가 높아지고 있는데, 특히 재산권의 영역에서 제시하는 웅거의 주장은 주목할 만하다. 로베르트 웅거의 법이론에 대한 보다 자세한 내용으로는 김정오, "로베르토 웅거의 사회이론과 법이론", 『외법논집』 제27집 (2007), pp.615 - 649.

론을 내리지 못하고 있는 것처럼 권리실현과 권리충돌의 문제를 완벽한 이론으로 설명하고 해결방법을 강구한다는 것은 거의 불가능에 가까울 것이다. 이는 자유주의 법체계에서의 권리논의가 그 다양성과 개방성 때문에 본질적으로 많은 한계를 전제하기 때문이다. 그럼에도 불구하고 인간의 실존적 삶에 기여할 수 있는 권리의 실천적 측면을 고찰하는 일은 매우 의미 있고 필수적인 일임에 틀림없다.

앞서 살펴본 권리의 구조분석과 근거에 대한 논의는 사실 이러한 권리실현의 실제적인 측면을 다루기 위한 준비에 불과하다. 다음 장에서는 권리실현 및 실천적 차원에서의 권리논의를 다룰 것이다.

제4장

권리실현의 실천적 차원

입법을 통해서나 법적용 또는 법해석을 통해서 법규범에 의해 창출되는 권리를 '법적 권리'(Legal Rights)라고 할 수 있다. 각각의 법영역에서 제정된 법규범들을 통해서 다양한 법적 권리들과 의무들이 생겨나고, 각각의 법영역 내부에서 그리고 법영역 상호 간에 법해석을 통해서 권리들이 상호 조정되면서 법적 권리체계의 정합성이 달성되는 것이다. 따라서 법적 권리란 법규범체계에 의해서 부여된 권리라고 할 수 있다.

이번 장에서는 앞서 살펴본 내용들을 바탕으로 법적 권리의 구조와 요소들을 검토하고, 실질적 권리론으로 나아가는 데 있어 필요한 권리실현의 실천적 측면을 고찰하고자 한다. 즉 권리는 과연 절대적으로 주장될 수 있는가 그리고 권리와 권리의 충돌이 발생할 경우 이를 어떻게 해결할 것인가 등의 문제를 논의할 것이다. 근대 이후로 한 사람의 권리는 그의 인격과 존엄성의 발현이든 자연적 본성이든 무한히 주장될 수 있는데,[123] 그러한 권리주장이 서로 충돌하여 어느 쪽이든 권리의 실현에 제약을 받게 되는 경우를 '권리의 충돌'이라고 할 수 있다.

권리는 무한히 주장될 수 있다는 전제를 '권리의 관성법칙'[124]이라고 부른다. 그러나 권리의 관성법칙은 사실상 존재하지 않는다. 왜냐하면 권리는 이미 실천적 근거 지움의 체계 속에서 가치 판단된 상태이기 때문이다. 권리의 주장은 그 최종적 근거의 범위 내에서 주장되는 것이며 그 최종 근거가 다른 근거와 모순되는 경우 다른 근거의 영역에까지 침범하는 것은 아니다. 따라서 서로 다른 가치체계가 대립하는 경우는 결국 권리주장이 양립할 뿐이며, 그 이상 어떤 권리가 현실적으로 승인되고 실현되는가라는 문제는 제도적 실천이라는 일정한 공통의 삶의 형식들 속에서 구체적으로 결정되는 것이다.[125]

---

123) 특별히 근대헌법국가는 존엄과 가치를 지닌 인간들이 주체가 되는 바람직한 정치공동체를 목표로 삼았기 때문에, 고유한 윤리적 가치의 주체이면서 동시에 사회공동체의 구성원으로서 고유한 인격 내지 개성신장을 통해서 사회공동체를 책임 있게 형성해 나아갈 사명을 간직한 자주적 인간상을 전제하였다. 따라서 이러한 각 개인들의 권리는 서로 존중되어야 하는 당위성을 지니고 있었다. 이종수, "참여민주주의 실현과 국가경쟁력", 『세계헌법연구』 제11권 제1호 (2005), pp.3 - 4.

124) Marmor, "On the Limits of Rights", p.7.

125) Steiner, *An Essay on Rights*, p.86. 예를 들어 낙태와 산모의 자기결정권이 대립되는 상

제1절 권리의 지위

일반적으로 권리는 규범적 논의에서 특별한 지위를 가지고 있다고 인정되고 있다. 이는 권리들이 기타의 규범적 가치들과 충돌할 때, 항상 우위에 선다는 것을 의미하는 것일까? 그렇다면 절대적인 우위성을 가지는 권리란 과연 존재하는가? 권리의 한계는 어디쯤에서 그어지는 것인가? 권리끼리 충돌할 때 어떤 방식으로 해결될 수 있는가의 다양한 질문들이 제기될 수밖에 없을 것이다. 아래에서는 이러한 문제의식을 가지고 '권리의 우선성'이라는 논제하에서 권리의 긍정적인 부분에 대해 논의해 보고자 한다.

제1항 우선성 문제

우선성은 "A가 B보다 우선한다."라는 진술의 형식 속에서 발견

상황을 가정해 보자. 이런 상황에서 양쪽의 주장은 모두 권리주장으로서 자격을 가지고 있다. 왜냐하면 생명존중과 자기결정권은 모두 사회의 제도적 사실 내에서 존재하는 규범이기 때문이다. 그러나 그것이 그 권리 중 어느 것이 승인되는가 하는 문제를 결정하지는 못한다. 하지만 우리사회는 산모의 낙태에 대한 자기결정권 그리고 그 자기결정권이 산모에게 가져다주는 효율성에 대한 지지가 이미 권리 승인의 단계에 다다른 도덕적 메커니즘을 가지고 있다. 그리고 이런 메커니즘은 사실상 일정한 행위를 정당화해 준다. 그러나 이런 두 주장은 모두 합리적인 과정을 이행했기 때문에 한쪽은 법적 승인을, 다른 한쪽은 도덕적 승인을 얻었다고 할 수 있다. 그러나 그 근거가 권리를 정당화하지 못하는 경우에는 그런 권리주장으로서의 역할을 하지 못할 것이며, 또 나름대로 정당화된다 할지라도 그 사회의 제도적 사실에 부합하지 않는 종류의 권리주장이라면 권리주장의 자격을 얻을 수 없으며 나아가 권리승인을 얻을 수도 없을 것이다. 이처럼 권리주장과 권리실현을 구별한다면 전통적인 권리충돌 문제는 진정한 충돌이 아니게 된다. Steiner는 이런 점에 착안하여 충돌의 문제가 생기지 않는 것이 정의로운 것이며 진정한 권리라고 얘기하면서, 어떤 권리가 실현될 것인가가 명확하게 규정되어 있는 규칙체계의 권리만이 진정한 권리라고 주장한다.

할 수 있는 판단의 속성이라고 볼 수 있다. 이때 우선하는 A는 B 보다 더 중요할 수도 있고, 더 근본적일 수도 있고, 어떤 경우에 있어서는 B를 배제하거나 A를 먼저 고려하는 것일 수도 있다. 그 밖에도 다양한 의미를 가질 수 있는데, 대표적인 학자들의 구체적 인 예를 들어 설명해 보면 다음과 같다.

롤즈(John Rawls)는 우선성의 문제를 자신의 정의이론에서 핵심 적인 부분으로 취급하고 있다. 롤즈에게 있어 우선성 문제는 정의 의 원칙들 상호 간의 요구를 판정하기 위하여 경중을 가려 줄 기준 설정의 문제로 등장하는데, 정의의 원칙들을 서열적 혹은 축자적인 순서로 발견할 수 있다는 의미에서 우선성을 파악한다.[126] 자유의 우선성은 배제적 또는 축자적인 의미를 둘 다 가지지만 정의의 우 선성은 배제적인 의미를 더 가진다고 본다.

하지만 드워킨은 정치이론을 권리중심론(rights-based theory), 의무중심론(duty-based theory), 목적중심론(goal-based theory)으 로 분류하면서,[127] 이 중 목적중심론이 개인보다는 전체를 중시하 는 이론인 반면 권리중심론과 의무중심론은 개인을 다루는 방식의 차이가 있지만 기본적으로 전체보다는 개인을 중심으로 다루는 이 론이라는 점에서 공통점을 가지고 있다고 말한다.[128] 드워킨은 원

---

126) J. Rawls, *A Theory of Justice revised edition* (Harvard University Press, 1999), pp.36-40. 여기서 서열적이라 함은 제1원칙이 충족된 다음에야 제2원칙으로 나아갈 수 있으며 그 다음에 제3원칙, 제4원칙 순으로 나아간다는 것을 의미한다. 축자적이라는 것은 논리적으로 먼저 고려한다는 의미이다.

127) 드워킨의 권리론에 대한 보다 자세한 내용은 다음의 문헌을 참조할 것. 장영민, "드워킨의 권리와 원리의 법철학", 『현대법철학의 흐름』(법문사, 1997); 김연미, "드워킨의 법철학 안에서의 권리와 정책의 관계-새로운 권리본질론의 탐색을 위하여", 『법과 정책연구』 제6 집 제2호 (2006), pp.5-7.

128) R. Dworkin, *Taking Rights Seriously* (Harvard University Press, 1978), pp.169-173.

래 롤즈의 정의론은 궁극적으로 권리에 기반을 둔 것이라는 것을 논하는 과정에서 이 분류를 제안했었는데, 롤즈는 이런 드워킨의 논증을 부정하면서 자신의 이론은 권리에 기반을 둔 것이라고 할 것이 아니라, 이상에 기반을 둔 것(ideal – based)이라고 해야 더 잘 설명된다고 반박하였다. 따라서 드워킨이 분류한 세 가지의 기본 개념이 모든 정치이론을 다 포괄할 수 있다고는 할 수 없다. 그럼에도 불구하고 이들 세 가지는 그중 가장 보편적인 가치라고 할 수 있고, 대체로 많은 이론들은 이 세 가지 중의 어느 하나에 해당할 것이다.

다만 이런 분류가 도덕성이 권리만으로 혹은 의무만으로 혹은 목적만으로 구성된다는 뜻은 아니라고 한다. 하나의 도덕이론은 이 세 가지 개념 모두를 사용해서 형성할 수도 있다. 즉 하나의 이론을 세 가지 집단 중의 하나로 분류하는 것은 그것이 세 가지 개념 중 어느 하나를 다른 두 가지 개념과의 관계에서 본질적인 것으로 다룬다는 점 때문이지 그 한 가지 개념만으로 그 이론의 성격이 전적으로 규정된다는 뜻은 아니다. 다시 말하면, 어떤 도덕 이론에서는 권리가, 다른 도덕 이론에서는 의무가 그리고 공리주의와 같은 결과주의 이론에서는 목적이 가치의 궁극적인 근원이 된다는 것을 의미할 뿐이다.

맥키(John Leslie Mackie)는 이 제안을 확장하여 일반적인 도덕이론도 동일한 분류를 적용할 수 있다는 주장을 하였다.[129] 하나의 이론이 X에 기반하고 있다는 것은 과연 무슨 뜻일까? 맥키는 이 X

---

129) J. L. Mackie, "Can There Be a Right – Based Moral Theory?", in *Theories of Rights*, ed. J. Waldron (Oxford University Press, 1984), pp.168 – 170.

는 도덕성의 궁극적인 목표를 가리킨다고 주장한다. 그러므로 권리에 기반을 둔 도덕성이라는 말은 권리개념이 도덕성의 근거를 제공한다는 뜻을 함축하고 있다. 만일 그 도덕성이 의무를 부과하고 구체적인 목적의 증진을 명한다면, 그 의무와 목적은 논리적으로 보다 근본적인 권리에 근거하여 정당화될 것이다. 따라서 어떤 이론이 권리에 기반을 두고 있다면, 그 권리는 궁극적인 정당화의 근거가 된다. 이것이 일반적으로 이해되는 권리중심론의 입장이다. 권리중심론으로 분류할 수 있는 것은 논증의 절차상 권리가 의무나 목적보다 앞서 나타난다는 것, 그리고 권리는 의무와 목적에 기반을 제공한다는 점에서이다. 그리고 권리중심론에서 모든 권리들이 기본적 권리일 필요는 없다. 어떤 권리는 일차적 혹은 기본적인 권리로부터 파생되는 이차적 혹은 주변적인 권리일 수 있는 것이다.

다만 권리중심론은 오로지 개별적인 관점에서만 주장되는 것은 아니다. 예를 들어 법질서와 같은 집단적인 체계도 권리라는 개념을 중심으로 정당화될 수 있다. 즉 법질서라는 집단적 가치의 궁극적인 정당화를 그 법질서가 개인의 권리를 보호하고 지지하는 데서 찾을 수 있는 것이다. 그러나 이렇게 집단적인 가치가 권리중심론에서 주장된다 하더라도 그것은 결국 그 집단을 이루고 있는 개인의 입장으로 환원되는 것을 의미한다. 따라서 권리중심론이 개별적인 관점만을 보는 것은 아니라 하더라도 궁극적으로는 드워킨이 말하듯이 개인을 중요하게 다루는 관점으로 파악된다.

이런 도덕이론들, 즉 모든 도덕성을 한 가지 유형의 기본적 관심으로 환원하려고 시도하는 이론들은 너무나 배타적인 이론이 될 수 있다. 라즈는 배타적으로 권리에 기반한 도덕성은 단지 그 방식

때문에 빈약해질 것이라고 주장했다.[130] 그러므로 권리중심론을 오로지 권리만이 근본적으로 도덕으로 가치로울 수 있다는 내용을 가진 것으로 이해하지 않고, 권리가 도덕성의 근본적인 지위를 제공한다는 정도로 한정해서 이해할 수 있다. 그렇다면 권리중심론은 도덕행위 전체보다는 부분을 제공하는 것을 목표로 하는 이론으로 생각할 수 있다. 다만 권리는 목적을 증진하는 도구성에 환원할 수 없는 근본적인 가치를 지니는 것으로 파악할 수 있다는 점에서 기본적인 것으로 파악되어야 한다. 그러므로 권리가 가치의 유일한 근원으로 간주되어야 한다는 것은 권리중심론에서 본질적인 부분이 아니다. 이런 관점은 결국 권리의 우선은 인정할 수 있다는 것이다.

제2항 권리의 우선성과 결과주의

즉 권리의 우선성은 권리가 다른 가치, 특히 의무나 목적보다 더 중요한 가치라는 것이다. 이는 기본적으로 권리중심론을 취하는 이론가들이 전제하는 것이다. 그런데 권리의 우선성은 특히 목적과 같은 결과주의 혹은 공리주의와 같은 공공가치이론에 대해 권리를 통한 제한이 가능한가라는 문제의 맥락 속에서 주로 다루어졌다. 권리의 우선성을 주장하는 사람들이 생각하는 사고의 핵심은 결국 개인이 자신의 삶을 자유롭게 결정하는 것의 중요성을 인정하는

---

130) J. Raz, "Right-Based Moralities", in *Theories of Rights*, ed. J. Waldron (Oxford University Press, 1984), pp.182-184.

것이고, 권리를 개인주의적 가치로 파악하는 것이다.

이렇게 권리가 결과주의적 추론을 제한한다는 점을 표현하려 했던 가장 잘 알려진 권리이론이 드워킨(Ronald Dworkin)의 '으뜸 패'(trump)로서의 권리이론이다. 드워킨은 1977년 『*Taking Rights Seriously*』라는 저서를 통해 권리가 법체계 안에서 '특별한 힘'을 가진다고 주장하였다. 드워킨 이전에, 법은 어떤 특정 사건에 연역적으로 적용될 수 있는 일반규정이며 그 규정이 정확하지 않을 때는 사법적 재량이 개입할 수 있다고 보는 것이 통설이었다. 그러나 드워킨은 이런 가정을 거부한다. 법에 명확히 규정되어 있지 않더라도 재판관은 '법의 원칙'에 의해 제한을 받는다는 것이다.[131]

그렇다면 법의 원칙이란 무엇인가? 그것은 법의 역사 속에서 발전되어 온 개인의 평등한 권리를 말하며 법해석에서 특별한 무게를 갖는다. "권리의 정의에 따르면 그 어떤 사회적 목표로도 권리를 찍어 누르지 못한다."[132] 즉 이런 법의 원리는 권리에 근거한 법의 원리이며 공공정책이나 일반적인 효용보다 앞선다. 정치에 있어서 일반적인 원리는 공리주의이다. 공리주의적 정치에서 모든 사람은 하나의 장치로 취급되며 이런 단위들의 전체적인 효용·비용에 따라 정책이 결정된다. 이런 경우 공리주의적 정책에서는 반드시 손해를 보는 소수가 나올 수밖에 없다.

하지만 어떤 사람이 권리를 갖고 있을 때 정부는 설령 공중의 이익(general interest)을 위해서라도 그 사람의 권리를 부정해서는 안 된다. 따라서 권리는 이런 효용원칙에서 손해를 보는 소수를 위

---

131) R. Dworkin (장영민 옮김), 『법의 제국』 (아카넷, 2004), pp.141 - 156.
132) Dworkin, 『법의 제국』, p.92.

한 최후의 보루, 즉 포커게임으로 치면 '으뜸패'(trump)의 역할을 한다. 개인의 권리는 개인이 갖고 있는 정치적 으뜸패와 같은 것이다. 권리개념은 모든 인간의 민주적 평등성을 완성하는 데 도움을 준다. 따라서 재판관은 정책의 결과나 효용이 아니라 권리원칙에 의거해서 결정을 내려야 하고 이것이 민주주의 체제에서 재판관의 궁극적인 역할이다. 따지고 보면 법관도, 여느 정치인들과 마찬가지로, 정치적 책임성이라는 원칙의 적용을 받는다.

그러나 권리가 효용이나 선호·만족이라는 고려들을 물리친다는 비유는 전적으로 정확한 것은 아니다. 왜냐하면 드워킨은 모든 권리들이 사회적 효용에 대한 어떠한 고려보다 항상 우월한 절대적인 지위를 가지고 있다고 주장하지는 않았기 때문이다. 그럼에도 불구하고 권리는 충분히 사회적·정치적 결정이 도달해야 하는 방식과 차이가 있는 특별한 지위를 가지고 있다.

권리의 이런 특징을 설명할 수 있는 다른 방법은 '배제적'(exclu-sionary) 또는 '선취적'(pre‒emptive) 근거라는 관념을 차용하는 것이다.[133] 배제적 근거란 다른 근거와 형량하기보다는 그 근거를 배제하는 것을 기능으로 하는 근거이다. 예를 들어 A가 친구인 B를 위해 동사무소에 가서 주민등록등본을 발급받아 주기로 B와 약속했다고 하자. 그런데 B와 약속하지 않았다면 A는 자발적으로 B를 위해 동사무소에 갔을 수도 있고, 다른 볼일을 보러 갔었을 수도 있다. 이렇게 약속하기 이전에 A가 B를 위해 동사무소에 가기로 결정하는 나름의 근거 혹은 동사무소에 가지 않기로 결정한 나름

<hr>

133) 심헌섭, "권위에 관하여 ‒ 배제적 법실증주의에서 포용적 법실증주의에로 ‒", 『법학』 제39권 제2호 (서울대학교 법학연구소, 1998), pp.105 ‒ 106.

의 근거들은 일차적 근거(first‒order reason)에 해당한다. 그러나 일단 A가 B를 위해 동사무소에 가기로 약속했다면, 이 약속은 A의 일차적 근거인 다른 볼일을 보러 갔기 때문에 동사무소에 갈 수 없다는 A의 근거를 배제한다. 다시 말해 A가 B와 약속했다는 사실은 A가 약속한 대로 행위할 이차적 근거(second‒order reason), 즉 배제적 근거가 된다. A와 B가 약속했다는 것이 이차적 근거가 되는 이유는 다른 이유였다면 내가 동사무소에 가야 하는지 아닌지를 결정할 수 있는 다른 일차적 근거를 배제하기 때문이다.

이와 비슷한 논변으로 권리는 공리주의적 고려에 대해 배제적 근거를 발생시키는 것으로 이해될 수 있다. 만일 누군가가 권리를 가지고 있다면, 다른 사람은 권리의 요구에 순응하여 행위할 근거를 가진다. 그 근거는 배제적 근거이며, 권리가 없었다면 사람들의 행위를 지배했을 다른 근거들을 배제시키는 기능을 한다. 이런 방식으로 이해한다면, Y라는 사람이 X에 대한 권리를 가진다는 것의 효과는 Y가 X를 해야 하는가에 관하여 행하는 통상적인 공리주의적 추론을 대체한다. 즉 권리는 일차적인 공리주의적 근거를 단순히 능가하는 것을 넘어, 이를 배제하는 이차적 근거를 제공한다.

제3항 공리주의와 권리이론

공리주의에 대한 지속적인 논쟁의 한 가지 요소는 공리주의가 권리의 관념과 충돌하는 것처럼 보인다는 것이다. 공리주의는 하나의 궁극적인 가치인 효용의 근원을 승인함으로써 효용을 증진시키는 것은 무엇이든 좋으며, 좋은 것은 효용을 증진시키기 때문에 좋은 것이라고 주장한다.

이에 대해 권리이론가들은 서로 다른 효용들의 도덕적 지위를 구별하고 있다. 내가 X에 대한 권리를 가지고 있으나 Y에 대한 권리는 가지고 있지 않다고 말하는 것은 Y에게 부인되는 특별한 지위를 X에게 주고 있는 것이다. 권리이론가들은 사람들이 무엇에 대해 권리를 가지며 가지지 않는가를 구별하는 데 있어 보다 객관적인 도덕적 관점을 채택하는데, 그것은 선호나 만족에게 부여하는 지위는 개인의 효용획득에 달려 있지 않기 때문이다.

또한 권리이론가와 공리주의자 사이의 차이는 어떻게 사회적인 결정이 개인들을 매개로 행해질 수 있는가에 관한 문제에서도 나타난다. 공리주의자들은 단순히 사회적 효용의 최대화의 전략을 주장하지만, 권리이론가들은 반대로 그런 단순한 접근을 거부한다.

Ⅰ. 규칙공리주의와 권리

공리주의의 가장 기본적인 형태는 행위공리주의이다. 이 이론은 올바른 행동이란 주어진 상황에서 인간의 최대효용을 증진하거나 증진할 개연성이 가장 높은 것을 행하는 것이라고 주장한다. 그러나 이 이론은 그 단순성 때문에 받아들이기 힘든 결과를 종종 발생시키는데, 이러한 문제를 해결하려는 시도 중의 하나가 바로 규칙공리주의이다.[134]

규칙공리주의에 따르면 어떤 행위가 그 상황에서 최선의 결과를

---

134) 김현철, "권리의 우선성에 대한 고찰", 『법철학연구』 제7권 제1호 (2004), pp.259-261.

산출하는가를 물어서는 안 되며, 어떤 규칙에 호소하는 것만이 정당화된다. 그리고 그 규칙은 공리의 원칙에 따라 보통의 경우 최고의 효용을 산출하는 규칙이다. 그러나 개별적인 행위 판단의 차원에서는 이런 궁극적인 기준에 따르는 것이 아니라 이미 공리의 원칙에 따라 정당화된 규칙에 따르는 것이 더 바람직하며 행위공리주의가 가지는 난점에서 벗어날 수 있다는 것이다. 이런 제한된 형태의 공리주의는 권리를 방출하고 지지하는 데 있어 행위공리주의보다 더 나은 것처럼 보인다. 이 견해에서 권리는 개별적 상황을 고려할 때 나타나는 근시안과 왜곡으로부터 우리를 보호하는 제도적 안전장치이다.

그리고 현실 세계에서는 그 권리를 포기해야 한다고 말하게 되는 상황이 일어날 수 있다고 공리주의자들은 주장한다. 그러나 어떤 권리의 경우는 그런 권리가 배제되는 상황을 유발시킬 가능성을 갖지 않는다. 즉 공정한 재판을 받을 권리와 같은 것은 양도하거나 무효화할 만한 어떤 사회적 조건이 있을 수 없다는 것이다. 따라서 양도할 수 없고 무효화할 수 없는 권리도 다른 권리와 마찬가지로 공리주의적 근거를 가지게 된다.

II. 헤어와 스캔론의 이론

공리주의의 또 다른 형태는 간접공리주의이다. 이 이론은 최근에 많이 논의되고 있으며 효용과 권리를 가장 잘 조화시킬 수 있는 형태라고 주장된다.[135] 간접공리주의는 다음과 같은 사상에 근거하고

135) 김현철. "권리의 우선성에 대한 고찰", pp.261 – 262.

있다. 즉 우리는 효용 그 자체를 직접 추구하는 것보다 공리주의적이지 않은 이차적인 원리를 추구함으로써 보다 성공적으로 효용을 증진시킬 수 있다는 것이다. 그러므로 직접적인 행위공리주의의 명령에 따라 삶을 영위하라고 설득하지 않고, 때로는 이차적이고 비공리주의적인 원리를 승인하고 이에 따르는 것이 오히려 공리주의에 부합할 수 있다고 주장한다.

간접공리주의는 규칙공리주의와 유사해 보이지만 상당히 다르다고 할 수 있다. 예를 들어 "약속을 지켜라."는 규칙은 규칙공리주의에 따르면 이미 장기적인 안목에서 효용의 계산이 끝난 공리주의적 규칙이다. 하지만 간접공리주의에서 "약속을 지켜라."는 규칙은 효용의 계산을 할 수 없다 하더라도, 즉 공리주의적으로 정당화되지 않는다고 할지라도 이에 따르는 것이 결국은 공리주의에 합당하다고 말하는 것이다. 다시 말해 간접공리주의에서 "약속을 지켜라."라는 규칙 자체는 굳이 공리주의적 규칙일 필요는 없다.

이런 간접공리주의의 가장 포괄적인 형태의 이론은 도덕철학자 헤어(Richard Mervyn Hare)로부터 유래한다.[136] 헤어는 비판적인 것(the critical)과 직관적인 것(the intuitive)이라는 두 가지 차원의 도덕성을 구분한다. 비판적 차원에서 사고하는 사람은 자신의 모든 사고를 행할 수 있기 때문에 모든 상황을 고려하였을 때 최선의 결과와 최대의 효용을 가져올 수 있는 행위를 선택해야 한다. 그러나 일반적인 사람들은 그럴 수 없기 때문에 도덕적 사고의 종속적인 차원인 직관적인 차원이 필요하다.

---

136) R. M. Hare, *Moral Thinking: Its Levels, Method and Point* (Oxford University Press, 1981), p.40.

헤어의 주장은 정의, 정직 그리고 약속의 준수 등과 같이 공리주의자들에게 해결하기 힘든 대부분의 가치들은 자신의 두 차원의 관점에서는 만족스럽게 해결될 수 있다는 것이다. 그는 효용과 권리의 전통적인 대립을 두 가지 차원의 도덕성의 단순한 혼동에서 발생한 것이라고 생각한다. 권리는 본질적으로 우리의 도덕적 사고에서 중요한 위치를 차지하고 있으며, 권리를 신중히 고려하는 것은 권리가 단순한 효용계산보다 으뜸패라는 것을 뜻한다. 그러나 그것은 오로지 직관적인 차원에서만 그러하다. 헤어에게 있어 사람들에게 공통적으로 부여된 권리가 때때로 서로 충돌한다는 것은 자명한 사실이다. 그러나 그 충돌은 직관적인 차원에서 일어나는 것이므로 권리 그 자체가 아닌 더 근본적인 원리를 참조해서만 해결될 수 있으며, 그것은 비판적 차원의 공리주의 원리이어야 한다는 것이다. 하지만 권리에 대한 이런 종류의 차원 분리를 모든 공리주의자들이 인정하는 것은 아니다.

스캔론(Thomas Michael Scanlon)도 헤어와 마찬가지로 규칙공리주의와는 다른 새로운 형태의 공리주의인 2단계이론을 주장하는데, 이는 권리의 해석과 정당화에 있어서 결과에 대해 중요한 역할을 부여하지만(1단계), 동시에 권리를 결의론(決疑論)의 차원에서 결과적인 논증에 대해 한계를 가할 수 있는 요소로 고려하는 견해이다(2단계).[137]

스캔론의 견해는 극대화뿐만 아니라 권리의 목적, 즉 공정성과 평등이라는 목적이 달성되는가라는 결과가 고려된다. 즉 권리는 세

---

137) T. M. Scanlon, "Rights, Goal and Fairness", in *Rights*, ed. C. Nino (New York University Press, 1992), p.246.

상을 좀 더 효율적으로 만들기 위하여 필요한 것이 아니라 당면한 중요 과제들을 완화하는 것과 관련된 것이고, 따라서 이와 관련하여 공정성이나 평등과 같은 것은 중요한 목적으로 작용한다는 것이다.[138] 결국 스캔론의 2단계 이론은 공정성과 평등과 같은 목적의 달성을 결과계산에 포함한다는 점에서 결과주의적이지만, 그 공정성과 평등을 권리의 형식으로 할당하여 구체적인 경우에 특정한 행위를 행할 때는 주어진 권리에 의거한다는 측면에서는 결의론적인 그런 이중의 차원을 가지는 이론이 된다.

Ⅲ. 공리주의적 권리의 가능성

헤어와 스캔론의 이론은 결국 행위의 결정에 있어 직접적인 근거가 되는 것은 공리의 원리가 아니라 권리라는 점에서 일치한다. 다만 헤어의 경우 그 권리들이 충돌할 경우 더 상위의 근거로 갈 수밖에 없는데 그때에는 비판적 차원에서 더 훌륭한 공리를 산출하는 권리가 우선될 것이다. 그리고 스캔론의 경우에는 권리는 기본적으로 공평성이나 평등과 같은 목적에 의거한다고 주장된다.

이런 방식으로 이해한다면, 공리주의가 비결과적(의무론적) 이론이 아니라 결과주의적(목적론적) 이론이라는 것이 꼭 분명한 것은 아니며, 권리중심론과 뚜렷이 구별되는 것도 아니라고 볼 수 있다. 공리주의는 다른 개인의 이익과 동등하게 고려된 자신의 이익에 대한 각 개인의 주장을 존중하라고 요구할 수 있다. 그러므로 헤어는 공리주의는 개인의 개별성과 각 개인의 동등하게 배려하고 존

---

138) Scanlon, "Rights, Goal and Fairness", pp.259 - 260.

중할 권리 양자를 승인하도록 요구할 수 있다고 주장한다. 그리고 스캔론은 권리의 목적으로 공정함과 평등을 든다. 이런 목적은 공리주의의 원리, 즉 개인을 평등하게 하나로 계산하라는 원리와도 부합되는 면이 있다. 물론 많은 공리주의 이론은 목적론적이고 결과론적이다. 그럼에도 불구하고 공리주의의 모든 이론이 권리와 화해 불가능한 것은 아니며, 적어도 공리주의의 어떤 이론은 권리에 대해 공리주의적 혹은 결과론적 정당화가 가능할 수도 있다는 것은 중요한 의미를 가진다.

결국 문제는 공공가치가 개인적 가치를 중요하게 생각하는 권리와 어떻게 조화되느냐 하는 점이다. 특히 권리에 관한 담론을 할 때 다양한 공공가치에 의거하는데, 법과 질서를 유지하는 체계는 각각의 개인들에게 개별 이익을 제공하기보다는 전체 사회의 구성원에게 이익을 주는 공공의 형태를 주로 취하게 된다. 하지만 법과 질서가 공공선을 갖는 궁극적인 근거는 개인의 권리를 보호하는 데 있다고 할 수 있다.

이처럼 공공가치의 문제가 권리와 관련을 맺고 있다는 것은 분명하다. 알렉시(Robert Alexy)의 주장은 이 점에 대해 많은 시사점을 제공해 준다.[139] 알렉시는 공공가치는 개인에게 분배되지 않는 비분배성을 특징으로 한다고 전제하고, 개인적 권리와 공공가치 간의 개념적 관계를 네 개의 테제로 정리한다.

그 첫 번째는 모든 개인적 권리를 전적으로 공공가치의 수단으로 파악하는 것이고, 두 번째는 모든 공공가치를 전적으로 개인적

---

139) R. Alexy, "Individual Rights and Collective Goods", in *Rights*, ed. C. Nino (New York University Press, 1992), pp.166 – 179.

권리의 수단으로 파악하는 것이다. 세 번째는 동일성 관계로서 모든 공공가치는 개인적 권리가 존재하고 실현되는 상태와 동일하다는 것이다. 그리고 네 번째는 양자를 독립관계로 보는 것이다.

알렉시는 앞의 세 가지 테제를 모두 배제한다는 의미를 함축하는 강한 독립관계는 부정하고, 약한 형태, 즉 부분적으로는 개인적 권리를 공공가치로 환원하거나 공공가치를 개인적 권리로 환원할 수 있다 해도 완전한 환원은 불가능하다는 의미 정도로 파악한다. 따라서 개념적 차원에서는 일부분의 환원이 가능할 것이다. 그러나 규범적 차원에서 보자면 결국 정당화되는 규범체계에서 개인적 권리와 공공가치가 모두 존재하는 것이 되고 결국 이것들 간의 충돌 문제가 발생한다. 알렉시는 이에 대해 이익형량에 의한 사례별 해결을 제시한다. 이것은 다시 말하면 비례성원칙이라 할 수 있다. 그러나 이러한 비례성원칙은 완결적인 결정의 절차를 제공하는 것이 아니기 때문에 별도의 실질적 결정 원리가 필요하다고 한다. 이 점에서 알렉시는 절충적인 견해에 머무르고 있는데, 그것은 바로 개인적 권리가 '일응'(prima facie) 우선한다는 것이다. 이것은 결국 권리의 우선성을 인정하는 입장이라고 할 수 있다.[140]

그러나 권리와 공공가치가 상대적인 독립관계에 있다는 점을 수긍한다 하더라도 알렉시의 견해는 몇 가지 점에서 비판이 가능하다.

---

140) 맥키는 '일응 권리'라는 것을 주장한다. 맥키에 의하면 권리라고 다 같은 수준으로 논해지는 것은 아니고, 예를 들어 실제로는 이해관계가 상충하고 이것이 자유의 충돌, 권리의 충돌로 나타나는 경우에도 양 당사자는 모두 자유라는 것을 슬로건으로 주장할 수 있다. 이것은 실제 누군가가 일정한 권리를 보유하는가라는 문제와는 별개로 근본적인 의미에서 추구하는 권리의 형태가 있음을 의미한다. 이런 의미에서 이해되는 권리를 맥키는 '일응 권리'라고 부르고 있다. 이런 '일응 권리'는 결국 파생되는 다양한 권리나 이해관계의 범위를 정해 주는 상위의 것이라는 의미에서 우선적이라고 한다.

첫 번째는 권리와 공공가치의 상대적인 독립은 어떤 메커니즘을 통해 이루어지는가 하는 점에 대해 분명하게 말하고 있지 않다는 점이다. 두 번째는 권리의 '일응 우선성'(prima facie priority)에 관한 것이다. 이 점도 첫째 비판과 관련되는 것이다. 일단 개인적 권리가 공공가치와 일정한 관계를 가진다고 할 때 그것이 무엇인지를 밝혀야 할 것인데, 기본적으로는 법률을 매개로 할 수 있을 것이다. 그런 법률과 같은 것은 결국 권리의 근거가 되고, 그 법률에 대해 공공가치는 또 상위의 근거가 될 것이다. 이런 근거 지움의 관계에서 볼 때, 일응 우선성은 있을 수 없다. 논리적으로 권리의 근거가 공공가치일 경우에는 다른 공공가치에 입각한 정책과 경쟁할 수 있을 것인데 그것은 공공가치 간의 비교로 해결된다. 만일 권리의 근거가 공공가치가 아닌 다른 것이라면 그때에는 권리의 근거가 되는 것과 공공가치를 비교 형량하면 된다. 이때 권리의 근거가 꼭 공공가치보다 우월하다고 미리 판단할 필요는 없는 것이다. 그럼에도 불구하고 알렉시가 권리와 공공가치 간의 관계를 해명한 것은 의의가 있는 부분이라 할 수 있다.

결국 맥키와 알렉시는 공리주의자가 아니며 오히려 의무론자에 가까운 이론가들이다. 이런 맥키와 알렉시에서 보이는 '일응 우선'의 문제는 결국 한정된 범위의 우선성이거나 잠정적인 의미의 우선성에 불과하다. 뿐만 아니라 이들 이론에서 권리가 약한 의미로나마 우선하는 것은 그 근거가 명확하게 주어져 있지 않다. 따라서 공리주의나 반공리주의의 '일응 우선'의 주장 모두 실질적인 가치 내용적 함의로 인해 권리의 우선성을 주장하고 있는 것은 아니다. 하지만 실질적인 가치내용적 함의가 없음에도 불구하고 일정한 한도에서나마 권리에게 우선성을 부여하는 이론을 여러 사람들이 구성하고 있다는 것은 권리라는 개념이 실질적인 가치내용적 함의와는 별개의 규범력을 가지고 있기 때문일 것이다.

즉 권리의 규범력을 낳게 하는 원천은 실질적인 가치내용 이외의 형식적인 부분에 있는 것은 아닌가라는 의문을 갖게 한다. 그런 의미에서 권리의 우선성은 따로 그 근거가 필요한 우선성이 아니라, 규범어로서의 권리 그 자체로 드러나는 우선성이라고 생각할 수 있다.

제2절 권리실현의 비용

어떠한 형태의 권리이든 간에 현실에서 의미가 있으려면 실제적으로 실현되어야 한다. 그렇다면 권리가 실현된다는 것은 현실적으로 어떻게 나타나는가? 이하에서는 권리실현과 관련된 경제비용적 측면을 살펴보고자 한다.

Ⅰ. 의무의 관점에서 바라본 권리실현

앞서 지적하였듯이 하나의 권리에는 복합적인 의무관계들이 대응한다.[141] 사인 간의 계약에서 생겨난 권리관계 역시 호펠드 권리요소들의 복합체로서 나타나고, 문제가 되는 권리와 관련하여 여러

---

141) J. Waldron, *Liberal Rights: collected papers, 1981 - 1991* (Cambridge University Press, 1993), p.29.

다른 주체들이 상이한 의무들을 부담한다는 점에서 권리의 실현은 그에 대응하는 복합적인 의무들의 실현문제이다. 즉 대응하는 의무들이 또는 핵심을 이루는 의무요소들이 상당한 정도로 실현되었을 때, 하나의 권리는 보호되고 실현되었다고 말할 수 있을 것이다.

실천적인 차원에서 좀 더 구체적으로 개인 대 국가의 측면에서 보면, 하나의 권리에 대하여 하나의 의무만이 대응하는 것이 아니라 적어도 삼중의 의무관계가 대응하는 것을 관찰할 수 있다.

즉 국가는 (ⅰ) 권리보유자에게 그의 권리를 박탈하지 않을 의무, (ⅱ) 다른 사람들이 권리보유자의 권리를 박탈하는 것으로부터 권리보유자를 보호할 의무, (ⅲ) 자신의 권리를 박탈당한 권리보유자를 구조할 의무를 가진다.[142] 만일 국가가 이 세 가지 의무들을 온전히 수행하고 있지 않다면, 권리는 보장되고 있지 않다고 할 것이다.

Ⅱ. 권리실현과 비용문제

권리의 실현이 복합적 단위체로서의 권리에 대응하는 다원적 의무들을 이행하게 하는 것이라면, 권리의 실현비용은 곧 의무 이행의 비용을 의미한다. 의무 이행을 강제하려면 여러 단계의 국가기구들이 작동되어야 하며, 공공재정이 지출되어야 한다면 결국 권리를 진지하게 생각한다는 것은 권리실현의 비용을 진지하게 고려한다는 것을 뜻한다. 이는 곧 호펠드적 권리요소들의 실현에 드는 비용 또는 호펠드적 대응의무관계의 이행에 든 비용을 정확하게 고찰하는 것이다.

---

142) Shue, *Basic Rights*, p.52.

권리실현의 비용은 크게 '경제적인 비용'(budgetary costs)과 '비경제적인 비용'(nonmonetary costs)으로 구분할 수 있을 것이다.[143] 예를 들어 "권리를 가진다."는 진술은 논리적인 차원에서는 그 권리에 대응하는 의무관계들이 이행되어야 한다는 점을, 현실적인 차원에서는 권리실현에는 돈이 든다는 점을 함축한다. 후자를 '권리 - 돈의 현실적 상응관계의 명제'라고 부를 수 있을 것이다. 이는 복지권, 소유권, 계약의 자유, 일반적 행위의 자유에도 마찬가지이다. 모든 종류의 법적 권리는 결국 공공재정의 지출에 대한 요구를 포함하는 것이다. 경찰, 검찰, 법원, 국회 등의 다양한 차원에서 이루어지는 권리형성, 해석, 집행, 방어에는 공공재정이 지출되기 마련인 것이다.

이러한 권리실현의 비용문제는 근본적으로 이익설의 입장을 바탕으로 전개되어야 한다. 이익설과 권리비용의 문제를 결합해 본다면 다음과 같다. 어떤 이익이나 지위가 법적인 권리로 인정된다는 것은 '비경제적 비용'뿐만 아니라 '경제적 비용'까지 지출될 것을 요구할 정도로 중요한 비중을 가져야 한다는 것을 뜻한다. 권리를 실현하기 위하여 경제적 비용을 요구할 수 있는 지위를 '권리실현의 경제적 비용에 대한 권리'라고 부를 수 있을 것이다. 즉 권리실현의 비용문제를 고려하지 못하는 권리이론은 적절한 권리이론이라고 할 수 없을 것이다.[144]

---

143) S. Holmes & C. R. Sunstein, *The Cost of Rights: Why Liberty Depends on Taxes* (W. W. Norton, 2000), pp.20 - 24. 여기서 비경제적인 비용이란 어떤 권리를 실현하기 위하여 기타의 규범적 가치들이 희생되는 것을 말한다.

144) Holmes & Sunstein, *The Cost of Rights*, pp.35 - 36. 여기서 저자들은 1973년의 *Roe v. Wade* 판결의 예를 들면서 낙태의 권리를 인정한다는 것이 국가가 그 권리가 실현되도록 공공재정을 통해서 지원할 것을 요구하는 권리까지도 포함하는가라는 문제에 대하여 다

그렇다면 권리실현의 비용문제를 다루는 것은 권리이론의 발전에 있어서 어떠한 의미를 가지는가?

　첫째, 모든 권리의 실현에는 국가의 적극적 활동이 필요하다는 것이다. 국가의 간섭 또는 침해로부터의 보호라는 관점에서 권리를 바라보는 자유지상주의적 권리관에서도 한 국가기관에 의한 권리침해는 결국 다른 국가기관에 의해서 구제받아야 한다는 점을 인정할 것이다. 그렇다면 권리실현은 공공의 협동이나 국가의 적극적인 활동에 의존한다고 말할 수 있을 것이다. 이렇게 보면 모든 권리는 결국 적극적 권리의 요소를 포함하고 있다. 소극적 방어권이라고 할지라도 국가의 보호를 청구할 수 있는 권리로서 보호울타리를 삼게 될 것이다. 자유권이 증대되고, 권리인정의 범위가 확대되는 자유주의 사회가 될수록 국가기관에 의한 권리침해, 사인 및 조직에 의한 권리침해는 국가의 적극적인 조치를 더욱 필요로 한다는 점에서 자유권의 실현 역시 공공재정의 지출을 요구하는 권리라고 하겠다.[145]

　둘째, 권리비용의 관점을 감안하게 되면 법적 권리를 일종의 사회적 협상의 산물로서 또는 사회적 구성의 산물로서 바라보게 될 것이다. 어떤 이익을 법적인 권리로 할 것인가의 문제는 이제 공공적 협상의 문제로, 공공적 논의의 한 과정으로서 법적인 논의 과정에서 정해진다고 보게 되는 것이다. 이 과정의 참여자들은 어떤 이

루고 있다. 그리고 1977년 *Maher v. Roe* 판결에서 연방대법원의 부정적 입장(여성이 낙태를 선택할 자유권은 낙태의 선택이 법적으로 보호받는 지위에 있음을 함축하지만 낙태의 시행을 위한 재정적인 지원을 요구할 권리까지 포함하는 것은 아니다)에는 "국가의 간섭으로부터의 면제권 또는 자유권에는 재정적 지원을 요구할 권리는 포함되지 않는다."라는 전제가 이미 숨겨져 있다고 주장하고 있다.

145) Holmes & Sunstein, *The Cost of Rights*, pp.49 – 58.

익을 법적인 권리로 지정함으로써 정치적 공동체의 구성원 각자에게 이득을 가져다줄 것이라는 도덕적·정치적·경제적 계산을 한다. 이 계산 과정에서는 권리의 개인귀속적인 특성에 비추어 보아 각자에게 부여됨으로써 모두에게 균등하게 이득이 될 거라고 추정되는 이익(가치)들을 권리의 내용으로 삼게 될 것이다.146) 이는 중요한 이익이 권리로 인정될 것이라는 이익설적 입장을 전제로 하게 된다.

셋째, 권리실현의 비용을 진지하게 고려한다는 것은 곧 '자원의 부족'을 진지하게 고려한다는 것이다. 이는 어떤 지점을 넘어서면 권리의 문제가 서로 충돌하는 요구들에 대하여 부족한 재화를 적절하게 배분해야 한다는 정의의 문제가 발생하게 된다는 것을 뜻한다. 권리비용의 관점에서 보면, 권리의 문제를 다룬다는 것은 결국 "누구를 위해서, 어떤 권리들을 또는 어떤 호펠드의 권리요소들을 어느 정도로, 어느 수준에서 인정해야만 적절한 자원배분이 이루어질 것인가, 그리고 이는 누가 결정할 것인가"라는 배분적 정의의 문제와 민주적 책임이라는 문제로까지 거슬러 올라간다는 것을 뜻한다.

예를 들어 기본권의 충돌 시 해결책은 문제가 되는 기본권들이 요구하는 힘(보호이익의 강도)과 현실적인 여건들(경제적 비용), 기타의 가치들이 제약하는 힘과 포기되어야 할 필요성(비경제적 비용) 사이의 함수로 나타날 것이다.147)

---

146) 모두에게 이익이 될 것이라고 추정되는 이익(가치)의 개념은 G. Klosko, "Presumptive Benefit, Fairness, and Political Obligation" in *The Duty to Obey the Law*, ed. W. A. Edmunson (Rowman & Littlefield Publishers, 1999), p.197.

147) Alexy, *Theorie der Grundrechte*, pp.100 – 104. 알렉시가 지적하는 원리로서의 기본권

제3절 권리 간의 충돌

앞에서 설명한 권리의 우선성은 정치철학의 지형에서 보자면 보수주의적 진영과 개혁적·자유주의적 진영 양측에서 모두 옹호된다.[148] 즉 개인의 존엄성 또는 각 개인이 가지는 고유한 도덕적 가치를 기반으로 하여 공공복리나 국가안전보장의 논리에 대항하여 권리가 기타의 가치들보다 우선적인 지위를 가진다는 점을 강조한다. 이와 같은 권리의 지위에 대해서는 누구도 부인할 수 없겠지만, 문제는 권리의 절대성과 관련하여 권리가 기타의 규범적 가치들과 충돌할 때 권리가 과연 언제나 우위성을 가지는가 하는 것이다.

Ⅰ. 권리충돌의 문제

보통 권리충돌이라고 말할 때, 우리는 어떤 경우에는 권리 사이의 충돌을, 또 다른 경우에는 권리들과 기타의 규범적 가치들과의 충돌을 가정할 수 있을 것이다.[149]

그렇다면 권리에서의 충돌문제를 다루기 위해서는 우선 권리들 사이의 충돌, 그리고 권리들과 기타 규범적 가치들의 충돌(예를 들

들이 실현되는 방식은 바로 이러한 점을 겨냥하고 있는 듯이 보인다. 물론 알렉시는 권리의 비용문제를 직접적으로 생각한 것은 아니지만 알렉시의 '최적화원칙'(Optimierungsgebote) 을 일관되게 추구하게 되면 이 문제를 고려하지 않을 수 없을 것이다.

148) H. L. A. Hart, *Essays in Jurisprudence and Philosophy* (Oxford University Press, 1983), p.198; 김정오, "비판법학의 원천과 쟁점들", 『현대법철학의 흐름』 (법문사, 1997), pp.261 – 264.

149) 특히 우리 사회에 있어 법에 대한 의식변화로 인해 권리인식이 확대되고 권리충돌이 증가하고 있음을 고찰한 분석적 문헌으로 김정오, 『한국의 법문화: 인식, 구조, 변화』 (나남출판, 2006), pp.153 – 176.

어 표현의 자유와 공공복리, 양심의 자유와 국가안전보장, 조세정
책과 재산권 등)을 구분하는 것이 도움이 될 것이다. 그리고 권리
들의 충돌 차원은 다시 여러 당사자들이 가지는 동일한 권리들이
충돌하는 경우와 상이한 종류의 권리들이 충돌하는 경우로 구분할
수 있다.150)

또한 권리충돌 문제는 의무의 관점에서 볼 필요가 있다. 권리들
이 서로 충돌하는 것은 문제의 권리들이 함축하는 의무들이 동시
에 이행될 수 없을 경우이기 때문이다.151) 권리들의 충돌을 문제의
권리들에 상응하는 의무들의 충돌이라는 관점에서 본다면 권리들
의 성격을 오로지 소극적인 것으로 보느냐 적극적인 것도 포함하
는 것으로 보느냐에 따라서 상응하는 의무들의 성격도 정해질 것
이다.152)

II. 권리의 비교형량 가능성

권리의 충돌과 권리의 한계에 대해서는 대략적으로 세 가지 입
장을 취할 수 있다. 권리 비교형량 금지의 견해, 권리 비교형량 제
한의 견해, 권리 비교형량 긍정의 견해가 그것이다.

첫 번째 견해는 개인의 권리는 절대적인 힘을 소유하며 애국주
의, 공공복리, 사회적 약자를 위한 정책 등을 명분으로 하는 방식

---

150) 권리충돌의 다양한 양상들에 대해서는 F. M. Kamm, "Rights", in *The Oxford Handbook of Jurisprudence and Philosophy of Law*, ed. J. Coleman & S. Shapiro (Oxford University Press, 2002), pp.488 – 513.

151) Waldron, *Liberal Rights*, p.206.

152) F. M. Kamm, "Conflicts of Rights: Typology, Methodology, and Nonconsequentialism", *Legal Theory 7* (2001), p.240.

으로 권리를 침해하거나 제약하는 것은 결코 허용될 수 없다는 입장을 취한다. 어떤 종류의 권리들(예를 들어 생명, 신체안전, 재산권 등)은 절대적 성격을 가지는 것으로서 이를 제약하는 것은 가장 근원적인 도덕적 가치를 침해하는 것이 된다는 것이다. 공공선이라든가 공공복리라든가 하는 것은 존재하지 않으며, 존재하는 것은 다만 개인들의 소망과 선택이다. 이를 '절대주의적 권리관'[153])이라고도 부를 수 있을 것이다.

절대주의적 권리관에 따르면, 절대적 권리들은 소극적 자유들에 대한 권리와 재산권 및 영업의 자유를 핵심으로 한다. 이처럼 절대적 권리는 소극적인 성격을 가지며 개인에게 어떤 행위를 수행할 것을 요구하지 않기 때문에 거의 충돌하지 않게 될 것이다. 교육에 대한 권리, 인간다운 삶을 영위할 권리 등과 같은 복지권이라든가 생존권이라든가 하는 적극적 권리들은 여기에 해당하지 않는다. 권리가 국가나 타인에게 부과하는 제약은 오로지 부작위일 뿐이어서 권리는 결코 제약되지 않는다는 것이다. 절대주의적 권리관에 따르면 권리가 요구하는 의무들은 소극적이고 소극적 행위들의 숫자나 범위는 제약될 수 없는 것이기 때문이다.[154]

두 번째 견해에 따르면, 우리가 권리를 제약할 수는 있지만 보다 긴급하거나 중요한 다른 권리들을 보호하기 위한 경우에 한해서 또는 타인들이 가지는 동일한 종류의 권리들과의 충돌이 있을 때에만 제약이 가능해진다. 롤즈가 두 가지 정의원리를 제시하면서 첫 번째 정의원리에서 권리의 제한사유로서 들었던 경우들이 이러

---

153) Marmor, "On the Limits of Rights", p.7.
154) R. Nozick, *Anarchy, State, and Utopia* (Basic Books, 1974), pp.28 – 29.

한 입장을 대표할 것이다.[155] 권리는 타인의 권리와 충돌할 뿐이며, 다른 규범적 가치들보다는 일단 우선적 지위를 가진다는 것이다. 특히 정치적 자유들에 대한 권리들, 예를 들어 인권 등은 애국주의나 테러방지정책 등과 같은 목표에 의해서 제약될 수 없다는 입장으로 나타날 것이다. 드워킨의 입장 역시 여기에 속할 것이다. 인권을 중시하는 입장을 취하는 사람들이 대체로 취하는 입장으로 보인다.

첫 번째와 두 번째 견해는 무엇보다도 공리주의적 권리관에 대한 반작용으로 제시되었다. 주지하다시피, 공리주의적 권리관에 따르면 권리들은 총효용의 증가에 견주어서 보호되거나 제약될 수 있다. 이른바 '권리의 공리주의'에서는 권리들의 충족 자체가 극대화될 것이 요청되는 일종의 '효용'이 된다. 한 사회의 권리총량이 극대화될 수만 있다면 일정 집단의 개인들이 가지는 권리들은 타인의 권리보장을 위해서 제한될 수 있다는 것이다.[156] 권리의 공리주의적 계산법에 대한 반대는 적절하지만 그렇다고 해서 권리와 기타의 규범적 가치들과의 충돌 시 언제나 권리에 우선성을 부여하는 것에 대해서는 생각해 볼 여지가 있다고 할 것이다.

세 번째 견해는 인간 개개인의 존엄을 중시하되 개인의 자주성을 협소하게 해석하지 않음으로써 권리충돌 시 적절한 해결방법을 제시하고자 하는 입장이다.[157] 권리들 사이의 충돌뿐만 아니라 권

155) Rawls, *A Theory of Justice*, pp.60 - 65.
156) 공리주의적 권리관의 약점들에 대해서는 A. Gewirth, "Are Utilitarianism Justify Any Moral Rights?", in *Rights and Duties, v. 2, Rational Foundations of Rights and Duties*, ed. C. Wellman (Routledge, 2002), pp.92 - 128.
157) 김도균, "권리담론의 세 차원", 『법철학연구』 제7권 제1호 (2004), p.202.

리와 기타의 규범적 가치들 사이의 충돌을 인정하며 기꺼이 이들 사이의 이익형량도 인정한다. 공리주의에 대한 비판이 이익형량 그 자체까지 반대할 것은 아니라는 것이다.

문제는 권리들 사이의 중요도 문제, 공공선과 권리 사이의 충돌 시 어떤 이익이 우선시되느냐라는 점이다. 그리고 권리의 제약이 반드시 권리의 침해가 아니기 때문에 중요한 쟁점은 권리제약의 변화라는 것이다. 권리들 사이의 충돌이, 그리고 권리와 기타 규범적 가치들 사이의 충돌이 피할 수 없는 것이라면 권리를 근거 짓는 이익들의 중요도를 질적으로 비교하는 방법이 가장 합리적인 방법이 아닐까 하는 것이다. 이 입장에서 본다면 공리주의가 제시하는 '양적 이익형량'과는 다른 '질적 이익형량'의 방법을 구성하는 것이 절실한 과제라 할 것이다.[158]

이 세 번째 견해는 권리들의 비중을 어떻게 부여하느냐에 따라서 위 두 번째 견해에 가까워질 수도 있고, 좀 더 완전주의적 입장으로 다가갈 수도 있을 것이다.[159] 또한 개인의 선택과 책임을 강조하는 자유지향적 권리들을 중시할 것인가, 개인의 기본적 능력을 계발할 기회와 자원들을 보장할 것을 강조하는 평등지향적 권리들을 중시할 것인가, 개인의 도덕적 완성에 도움이 되는 가치들을 더 중시할 것인가에 따라서 권리 비교형량의 내용이 다르게 나타날 것이다.

권리충돌의 문제 해결에 '질적인 이익형량'의 방법이 필요하다는

---

158) Waldron, *Liberal Rights*, pp.215 - 224; Marmor, "On the Limits of Rights", pp.9 - 11.

159) 즉 어떤 권리들을 다른 권리들과 비교하여 더 중요한 권리들이라고 판단하거나 어떤 권리들은 기타의 규범적 가치들보다 더 중요하다고 하는 판단을 의미한다.

주장에 대해서는 각각의 권리에 들어 있는 가치들이나 기타 규범적 가치들이 서로 통약불가능(通約不可能)하다는 비판이 가해질 수 있을 것이다.[160] 만약 이러한 입장에서 본다면 권리들 사이의 충돌은 통약 불가능한 가치들 사이의 충돌이어서 질적인 해결이 불가능할 것이다. 하지만 실질적으로 권리의 충돌은 일어나고 있고, 이를 해결하기 위한 방법 또한 계속적으로 모색되고 있는 실정이다. 따라서 권리충돌을 해결하기 위한 방법론상으로 논의하는 부분에 있어서의 유용성은 여전히 인정된다 할 것이다.

다음에서는 이러한 전제 위에 권리들 간의 충돌에 있어서 이익형량을 통한 가치비교와 우위설정의 가능성을 검토하고 이를 통해 권리충돌 문제를 해결하고 권리를 실천할 수 있는지 살펴보고자 한다.

제4절 권리와 이익형량

Ⅰ. 규칙과 원리

법규범을 구성요건과 법률효과가 비교적 명확하게 확정적인 내용을 갖는 법규범과 그러한 구조를 가지고 있지 않은 추상적이고 이상적인 가치를 담고 있는 법규범으로 분류할 때, 전자를 '규칙'(Regeln), 후자를 '원리'(Prinzip)라고 부를 수 있을 것이다.[161]

---

160) 가치들 간의 통약불가능성(incommensurability)에 관하여 상술하고 있는 문헌으로는 Raz, *The Morality of Freedom*, pp.321 – 366.

규칙은 명령, 금지, 허용의 세 가지 양상으로 나타나는 규범의 특수한 종류로서 대체로 조건적인 규범의 형식을 갖는다. 조건규범으로서 법규범은 수범자의 범위에 따라 일반적인 법규범과 개별적인 법규범으로 나누어진다. 법해석의 대상이 되는 법규범은 대체로 '조건적 일반 법규범'이며, 법해석과 법적용의 결과는 '개별적 법규범'이다. 조건적 일반 법규범은 "누구든지 …한 구성요건 T를 충족하면, R이라는 법적 효과가 발생하여야 한다."는 형식으로 나타난다.[162]

예를 들어 우리 헌법 제67조 제4항은 "대통령으로 선거될 수 있는 자는 국회의원의 피선거권이 있고 선거일 현재 40세에 달하여야 한다."고 규정하고 있다. 여기서 구성요건은 '누구든지 대한민국 국민으로서 국회의원 피선거권이 있고 선거일 현재 40세에 달하였다면'이고, 법률효과는 '대통령 후보자격이 부여되어야 한다.'이다. 따라서 헌법 제67조 제4항은 구성요건과 법률효과가 명확하게 규정되어 있는 '규칙'의 유형에 속한다. 여기서 알 수 있는 것은 규칙의 효력발생의 방식은 '전부 아니면 무'라는 것이다. 많은 법규범들이 대체로 이와 같이 구성요건이 충족되면 법률효과가 발생하고 충족되지 않으면 법률효과가 발생하지 않는 규칙의 유형에 해당된다.

반면 원리는 구성요건이나 법률효과가 확정적이지 않고 법률효

---

161) Dworkin, *Taking Rights Seriously*, p.22 ; Alexy, *Theorie der Grundrechte*, pp.71 - 75. 법규범의 내용에 관해 보다 자세하게 다루고 있는 문헌으로 A. Kaufmann(김영환 옮김), 『법철학』 (나남, 2007), pp.229 - 235 ; 법과 법원리의 관계에 대해 잘 고찰하고 있는 문헌으로 박은정, 『법철학의 문제들』 (박영사, 2007), pp.122 - 124. Prinzip의 번역과 관련하여 우리나라에서는 '원리'(김효전, 정종섭, 박진완 교수)로 번역하는 입장과 '원칙'(이준일 교수)으로 번역하는 입장이 있다. 이러한 차이는 알렉시의 Prinzip의 유래가 되는 드워킨의 Principle의 번역과도 연관되어 있다. 장영민 교수는 Principle을 '원리'로 번역하고, 변종필 교수는 '원칙'으로 번역한다. 이 책에서는 Prinzip을 '원리'로 번역하였다.

162) 심헌섭, 『분석과 비판의 법철학』 (법문사, 2002), pp.60 - 75.

과발생이 가능한 최대한 실현되는 형식을 가지는 법규범이다. 헌법상 규정된 기본권 규정들은 대체로 이러한 원리로서의 법규범 성격을 갖고 있다. 헌법 제10조는 "모든 국민은 인간으로서 존엄과 가치를 가지며, 행복을 추구할 권리를 가진다. 국가는 개인이 가지는 불가침의 기본적 인권을 확인하고 이를 보장할 의무를 진다."고 규정하고 있다. 언뜻 보면 '대한민국 국민이라면 누구든지'라는 구성요건에 '인간의 존엄과 가치를 가지며 행복을 추구할 권리를 가져야 한다.'는 법률효과가 결합되어 있는 듯하지만 그 구성요건과 법률효과의 내용은 명확하지도 않고 구성요건이 충족하면 어느 만큼의 법률효과가 발생하는지도 확정되어 있지 않다. 이처럼 원리는 가능한 한 최대로 실현될 것을 요청하고 있는 가치를 담고 있는 법규범이다.

결국 "원리란 기타의 법적 가치들과의 관련 속에서, 그리고 현실적으로 주어진 조건 내에서 자신이 규정하고 있는 내용이 '가능한 한 최대로 보장될 것'을 요청하고 있는 이상적 당위의 성격을 가지는 법규범"163)을 말한다. 즉 규칙이 구성요건이 충족되면 자신이 요구하는 내용이 100% 실현될 것을 요청하는 규범의 종류라면, 원리는 그 내용이 가능한 한 최적으로 실현될 것을 요청하는 성격을 갖는 법규범이다.

규칙과 원리는 또한 법규범 충돌 시 어떤 방식으로 해결되는가에 따라 다른 양상을 보인다. 만일 동일한 행위를 놓고 각각 반대되는 법률효과를 규정하고 있는 상호 충돌하는 규칙들이 있다면, 이들 중 하나만이 타당하다. 즉 그 행위에 대한 기타의 규칙들은

---

163) Alexy, *Theorie der Grundrechte*, p.87.

법으로서의 효력을 상실한다. 동일한 사안에서 반대되는 법적 효과를 규정하고 있는 규칙들 사이의 충돌에서 그 해결책은 특별법우선의 원칙, 신법우선의 원칙 등을 적용하여 어느 하나의 규칙이 무효라고 선언하거나 아니면 예외조항을 두는 데 있다.

그렇지만 원리들 간의 충돌은 그렇지 않다. 규칙 간의 충돌에서는 대체로 충돌되는 법규범들 중 어느 하나는 법효력을 상실하고 영원히 법체계에서 사라지는 반면, 원리들 간의 충돌에서는 단지 구체적인 해당사안에서만 어느 원리가 물러날 뿐이지 법효력을 완전히 부인당하고 법체계에서 사라지는 것이 아니다. 소급입법금지의 원리는 분명히 원리로서 입법과 법해석에서 중요한 역할을 하지만, 정의이념이나 공익을 실현하기 위한 특별한 사유가 있다면 소급입법의 원리는 해당사안에서 물러난다.

이 경우 소급입법금지의 원리와 정의의 원리는 충돌하지만, 이들 중 어느 한 원리가 효력을 상실하고 영원히 법체계에서 사라지는 것은 아니다. 다만 구체적인 사안에서 법적 안정성이나 소급입법금지의 원리보다 정의원리에 우선적 지위를 인정하게 되는 것이다. 이처럼 원리 사이의 충돌은 구체적인 사안에서 어느 원리가 더 큰 비중을 가지고 있는가를 판별함으로써 해결된다. 즉 원리 사이의 충돌은 어느 원리가 해당사안에서 더 큰 비중을 차지하는가 하는 '비중의 비교차원'(dimension of weight)에서 해결되게 된다.[164]

---

164) Dworkin, *Taking Rights Seriously*, p.26.

II. 이익형량의 개념

구체적인 사안에서 상호 충돌하는 가치들과 규범들 사이를 비교하여 그중 어느 하나가 해당 사안에서 기타의 대안들보다 더 중요하다고 판단하고 이를 선택하는 실천적 판단을 '이익형량' 또는 '가치형량'이라고 부른다.[165] 이익형량의 판단은 실천적 추론에서뿐만 아니라 법적 추론에서도 매우 중요한 역할을 한다.

법적용차원에서의 이익형량은 원리를 적용할 때의 이익형량이다.[166] 즉 여기서의 이익형량은 어떤 구체적인 사안에서 일단 고려의 대상이 되는, 서로 충돌하는 추상적인 원리들로부터 나오는 상반되는 법률효과들 중 어떤 것이 바로 해당되는 사안에서 우위관계에 있으며 적용되어야 하는지를 판정하는 판단활동이다.

원리들이 이익형량의 대상이라면 이익형량의 대상에 대해서는 일반적으로 다음과 같이 정리할 수 있을 것이다. 권리에 관한 원리, 기본적 사회구조의 구성에 관한 원리(통치조직, 사회조직, 경제조직 구성원리들), 정책적 판단에 관한 원리들이 그것이다.

충돌하는 원리들 사이에서 각각의 비중을 측정하여 우선순위를 판별하는 이익형량을 한 결과 획득된 법규범은 결국 해당사안에 적용할 수 있을 정도로 구체적인 구성요건과 법률효과를 갖춘 규칙이다. 따라서 이익형량의 정당성 문제는 상호 충돌하는 원리들의

---

165) 이익형량 또는 가치형량은 영어로는 'balancing', 독일어로는 'Abwägung'이다. 일정한 측정규준을 가지고 대립하는 가치들의 중요도나 비중을 측정하여, 한 가지의 달성을 위해서 상대가치를 희생시키거나 제한하는 실천적 판단을 일컫는다. 법학의 영역에서는 일반적으로 '이익형량' 또는 '법익형량'이란 용어로 사용된다.

166) R. Alexy, *Recht, Vernunft, Diskurs: Studien zur Rechtsphilosophie* (Suhrkamp, 1995), pp.213 - 215.

상대적 비중(상대적 우위관계)을 판별하는 기준들의 정당성을 검토하는 것으로 넘어가게 된다.

원리들 사이의 또는 법익들 사이의 우위관계는 절대적 우위관계(어느 한쪽이 언제나 비중의 우위성을 가지는 경우)와 상대적 우위관계(그때그때의 조건에 따라서 어느 한쪽이 비중의 우위성을 가지는 경우)로 대별할 수 있다. 상호 충돌하는 원리 P1(예: 인격권 보호의 가치)과 P2(예: 표현의 자유 보호가치)와 관련하여 다음과 같은 우위관계를 생각해 볼 수 있다.[167]

① P1 P P2 − P1은 어떤 경우에도 P2에 우선한다.

[여기서 P는 '…보다 위에 있다'는 선호도(preference)를 나타내는 기호]

② P2 P P1 − P2는 어떤 경우에도 P1에 우선한다.

③ (P1 P P2) C1 − P1은 C1의 조건 아래에서는 P2에 우선한다.

④ (P2 P P1) C2 − P2는 C2의 조건 아래에서는 P1에 우선한다.

①과 ②는 절대적 우위관계를 나타내며, ③과 ④는 상대적 우위관계를 나타낸다. 통상의 이익형량 판단구조는 {(P1 P P2) C}이다. 즉 '구체적 상황 C라는 조건 아래에서 P1은 P2에 우선한다'는 판단이 통상의 이익형량판단이다. 원리들은 보통은 상대적 우위관계에 있다.

---

167) Alexy, *Theorie der Grundrechte*, pp.81 − 84.

III. 이익형량의 정당성 판단 기준

개별적인 사안에서 서로 충돌하는 원리들의 비중을 측정한다는 것은 무엇을 뜻할까? 하나의 사안에서 서로 충돌하는 원리들 중에서 어느 원리가 우선적으로 적용되어야 하는지를 정하는 판단이 이익형량이라면, 문제의 핵심은 각각의 원리들이 가지는 비중을 비교하고 형량하는 데 있을 것이다. 이러한 비중의 측정 과정은 어떻게 진행되어야 합리적일까? 이익형량의 정당성 문제는 해당 사안에서 충돌하는 원리들의 상대적 비중을 측정하여 적용의 우선순위를 정할 때, 과연 그 측정기준이나 추론 과정이 합리적이고 정당한가라는 문제이다.

대법원은 이익형량과 관련하여 다음과 같은 일반원칙을 제시한 바 있고, 이에 입각하여 이익형량을 수행하고 있는 것처럼 보인다.[168]

> "공익과 사익 사이에서는 물론, 공익 상호 간과 사익 상호 간에도 정당하게 비교·교량 하여야 하고 그 비교·교량은 비례의 원칙에 적합하도록 하여야 하는 것이므로, 만약 이익형량을 전혀 하지 아니하였거나 이익형량의 고려대상에 포함시켜야 할 중요한 사항을 누락한 경우 또는 이익형량을 하기는 하였으나 그것이 불완전한 경우에는 비례의 원칙에 어긋나는 것이다."

대법원의 견해를 바탕으로 생각해 보면, 이익형량은 다음과 같은 세 차원으로 구분될 수 있다.[169]

---

168) 대법원 1997. 9. 26. 선고 96누10096 판결.

169) D. Buchwald, "Konflikte zwischen Prinzipien, Regeln und Elemente im Rechtssystem", in *Regeln, Prinzipien und Elemente im System des Rechts*, ed. B. Schilcher & P. Koller (Verlag Österreich, 2000), p.102.

① 이익형량대상의 식별단계: 예를 들어 표현의 자유 및 방송보도의 자유와 인격권 보호의 충돌의 경우를 들 수 있다.

② 일반적·유형적 이익형량 단계: 구체적인 사실관계를 고려하지 않은 상태에서 특정 원리에게 상대적 우위성을 부여하는 이익형량의 차원이다. 예를 들어 별다른 사유가 없는 한 일반적으로 표현의 자유 원리가 인격권 보호의 원리보다 우선한다고 판단하거나 또는 국가안전보장의 원리가 양심의 자유의 원리보다 별다른 사유가 없는 한 일단 우위관계에 있다고 판단하는 이익형량을 말한다.[170]

③ 구체적·개별적 이익형량 단계: 구체적인 사안과 관련하여 개별적인 상황들을 종합적으로 고려하여 해당 사안에서 원리 상호간의 우위성을 판단하는 이익형량 차원이다. 별다른 사유가 없는 한 일반적으로는 표현의 자유 원리가 인격권 보호의 원리보다 우위에 있지만, 구체적인 상황을 고려하였을 때 인격권을 보호할 특별한 사유가 인정된다면 해당 사안에서는 인격권 보호의 원리가 더 우위에 있을 수 있다는 이익형량판단의 차원이다.

이익형량의 과정에서 일반적인 기준으로 삼을 만한 형식적 규칙들을 알렉시가 제시한 바 있는데, 알렉시의 견해를 종합하여 정리

---

170) 대법원이 표현의 자유와 인격권 보호 사이의 이익형량을 할 때 활용하는 이익형량 기준 역시 일반적 이익형량의 기준으로 파악할 수 있을 것이다. 즉 어떤 표현이 타인의 명예를 훼손하더라도 그 표현이 공공의 이익을 위한 것이고(공공성 요건의 충족), 진실한 사실이거나 진실이라고 믿을 만한 상당한 이유가 있다면(진실성 요건의 충족) 표현의 자유가 우선한다는 대법원의 판단기준은 일반적 이익형량의 기준을 담고 있다고 볼 수 있다. 또한 인격권을 침해하는 표현의 자유 원리를 인격권 보호의 원리와 비교하였을 때 상대적 중요성 정도를 판별하는 기준으로서 "사적인 인물에 관한 표현일 경우에는 표현의 자유보다 인격권이 상대적으로 우선하고, 공적인 인물이나 공공적으로 사회적인 의미를 가지는 사안의 경우에는 표현의 자유가 가지는 비중이 상대적으로 더 커진다."는 이익형량의 기준 역시 일반적 이익형량 차원에 해당할 것이다(대법원 1988. 10. 11. 선고 85다카29 판결; 대법원 2002. 1. 22. 선고 2000다37524 판결 참조).

하면 원리들이 상호 충돌할 때의 충돌해결법칙(das Kollisionsgesetz)
은 다음과 같다.[171]

> [이익형량법칙 1]: "C의 조건 아래에서 원리 P1이 원리 P2에 우선한다
> 면, 그리고 원리 P1으로부터 R1이라는 법률효과가 발생한다면, C를 구성
> 요건으로 하고 R1을 법률효과로 하는 규칙이 획득된다."

다시 말하면, 원리 P1이 P2에 비하여 우위관계에 있게 되는 조
건들(C)은 원리 P1에서 도출되는 규칙의 구성요건이 되며, 그 법률
효과는 P2와 비교하여 우위성을 가지는 원리 P1의 법률효과를 나
타내기도 한다는 것이다. 물론 이 법칙은 원리 P1이 원리 P2에 왜
C의 조건에서, 어떻게 우선하는지에 대해서는 아무런 실질적 기준
을 제시해 주지 않는다는 점에서 보면 매우 형식적이다. 이 충돌해
결법칙과 함께, 마찬가지로 다음과 같은 이익형량의 법칙이 이익형
량의 일반적 기준으로 작동된다.

> [이익형량법칙 2]: "상호 충돌하는 원리 P1과 P2가 있을 때, 원리 P1이
> 실현되지 않는 정도 또는 침해되는 정도가 높으면 높을수록, 그에 충돌하
> 는 원리 P2가 실현되어야 할 중요도는 그만큼 더 커야 한다."

이익형량이 충돌하는 가치들의 최적실현을 목표로 한다면 이익형
량은 필연적으로 비례성원칙에 따라서 이루어질 수밖에 없을 것이다.

> [이익형량공식 3]: 이익형량공식 2는 '비례성의 원칙'에 따라서 이루어진다.

---

171) Alexy, *Theorie der Grundrechte*, pp.79 – 84.

Ⅳ. 비례성원칙과 이익형량

비례성의 원칙(또는 과잉금지의 원칙)[172]은 달성하고자 하는 목적이 정당하고 제한되어야 할 가치 역시 정당하다는 전제하에서, '서로 대립하는 가치들 W1과 W2가 주어진 현실 조건하에서 그리고 주어진 법적인 조건하에서 가능한 한 동시에 최대한 실현되도록 하라'는 최적화의 요청을 지향하고 있으며, 다음과 같은 세 가지 부분요청으로 이루어져 있다.[173]

① 방법의 적절성의 요청: 목적 W2를 실현하는 데 적합한 수단을 선택하라. 예를 들어 소비자보호(P2)를 위하여 직업선택의 자유(P1)를 제한하는 조치(M)를 택하는 경우에 M은 적절한 수단이 되지 못하므로 금지되어야 한다.

② 필요성의 요청(피해최소성의 요청): 목적 W2를 실현하는 데 적합한 수단들이 있다면 그중에서 가장 필수적인, 즉 W2의 최대실현 과정에서 발생하는 W1의 제한을 최소화하는 수단을 선택하라.

③ 좁은 의미의 비례성의 요청(법익균형성의 요청): 실현하려는 이익과 침해되는 이익을 비교·형량 할 때 실현하려는 이익이 월등하게 더 커야 한다.[174]

---

172) 비례성의 원칙(과잉금지의 원칙)에 대해 잘 정리되어 있는 논문으로 황치연, "헌법재판의 심사척도로서의 과잉금지원칙에 관한 연구", 연세대학교 박사학위논문 (1996), pp.62 - 97.

173) 이에 관해서는 이준일, "기본권제한에 관한 결정에서 헌법재판소의 논증도구", 『헌법학연구』 제4집 제3호 (1998), pp.264 - 278.

174) 헌법재판소 1990. 9. 3. 선고 89헌가95 결정; 대법원 1994. 3. 8. 선고 92누1728 판결: "국민의 기본권을 제한하는 것으로서 국가안전보장, 질서유지 또는 공공복리를 위하여 필요한 것이 아니거나, 또는 필요한 것이라고 하더라도 국민의 자유와 권리를 덜 제한하는 다른 방법으로 그와 같은 목적을 달성할 수 있다든지, 위와 같은 제한으로 인하여 국민이 입게 되는 불이익이 그와 같은 제한에 의하여 달성할 수 있는 공익보다 클 경우에는 이와 같은 제한은 비록 자유와 권리의 본질적인 내용을 침해하는 것이 아니더라도 헌법에 위반되는 것이다."

방법의 적절성의 원칙은 주어진 현실적 가능성 아래에서 목표로 하는 원리를 최대한 실현하라는 요청을 내용으로 한다. 원리 P1의 실현에 더 적합한 수단들 중에서 충돌하는 다른 원리 P2에 보다 덜 피해를 주는 수단을 채택하는 피해최소성의 원칙은 경험적 탐구를 필요로 하는 영역이다. 법익균형성의 원칙은 특정 수단 M1이 원리 P1의 실현에 어느 정도 중요한가 하는 정도(이익·편익)와 원리 P2를 침해하는 강도(손해·비용)를 측정한 후, 다시 비용과 편익의 비율을 측정하라는 요청을 담고 있다는 점에서 매우 가치평가적인 판단단계이며, 매우 논란이 많은 부분이기도 하다.

위에서 제시한 이익형량의 기준들은 비교되는 원리들의 비중과 중요도에 대해서 아무런 기준을 제시하고 있지 않기 때문에 원리들의 비중을 측정하기 위해서는 실질적인 기준들이 필요하게 될 것이다. 그런데 합리적이고 정당한 이익형량이라면 가치의 중요도와 해악의 비중을 측정할 '실질적인 기준들'이 도입되어야 할 것이다.[175] 이하에서는 헌법재판소의 결정례를 중심으로 그 실질적인 기준들에 대한 내용들을 하나하나 검토해 보고자 한다.

실제로 헌법재판소의 법적 논증에서 이익형량이 차지하는 비중은 매우 높다.[176] 우리 헌법 제37조 제2항은 국민의 자유와 권리는 국가안전보장·질서유지 또는 공공복리를 위하여 필요한 경우에

---

175) J. Habermas, *Faktizität und Geltung: Beiträge zur Diskurstheorie des Rechts und des demokratischen Rechtsstaats 4. Aufl.* (Wissenschaftliche Buchgesellschaft, 1994), p.309. 바로 이 점에서부터 이익형량의 합리성 또는 논증가능성에 대한 다음과 같은 회의론이 제기된다. 즉 법원의 '이익형량은 실상 해당사회에서 통용되는 관행상의 판단기준과 암묵적인 가치서열관계에 따라서 자의적으로 이루어지거나 무반성적으로 이루어지는 것으로 합리적 기준이 없는 것은 아닐까'라는 우려이다.

176) 허 영, 『헌법이론과 헌법』 신판 (박영사, 2007), pp.450 - 454.

한하여 법률로써 제한할 수 있다고 규정하고 있는데, 이 '필요한 경우에 한하여'라는 규정은 일반적으로 과잉금지의 원칙 또는 비례성원칙으로 이해되고 있다.[177]

앞에서 설명한 비례성의 원칙을 국민의 기본권을 제한하는 헌법적 제한사유의 세 가지 근거인 '국가안전보장', '질서유지', '공공복리'에 적용하면 어떤 답이 나오는가? 일단, 이 세 가지 요청들 중에서 방법의 적절성의 요청과 피해최소성의 요청 차원에서는 경험적 판단이, 법익의 균형성 요청 차원과 목적의 정당성(또는 충돌하는 가치들의 정당성)과 관련해서는 실질적 가치판단이 주된 역할을 한다는 점을 지적할 수 있을 것이다.[178] 앞서 제시했던 정당한 이익형량 기준에서 '최대고려의 요청'은 재판과 개인들에 의해서 최대한 실현될 수 있을 것이다. 민주주의의 요청과는 달리 최대고려의 요청은 한 개인에 의해서도 달성될 수 있는 정당한 이익형량의 한 기준이기 때문이다. 민주주의 요청은 재판관 개인의 숙고된 판단을 넘어서서 헌법재판 과정과 재판 과정 외부에서 그리고 공공

---

177) 허 영, 『헌법이론과 헌법』, pp.300 - 301. 주지하듯이 비례성의 원칙에 대한 헌법재판소의 판결내용은 다음과 같다. "과잉금지의 원칙이라는 것은 국가가 국민의 기본권을 제한하는 내용의 입법활동을 함에 있어서, 준수하여야 할 기본원칙 내지 입법활동의 한계를 의미하는 것으로서 국민의 기본권을 제한하려는 입법의 목적이 헌법 및 법률의 체제상 그 정당성이 인정되어야 하고(목적의 정당성), 그 목적의 달성을 위하여 그 방법이 효과적이고 적절하여야 하며(방법의 적절성), 입법권자가 선택한 기본권 제한의 조치가 입법목적달성을 위하여 설사 적절하다 할지라도 보다 완화된 형태나 방법을 모색함으로써 기본권의 제한은 필요한 최소한도에 그치도록 하여야 하며(피해의 최소성), 그 입법에 의하여 보호하려는 공익과 침해되는 사익을 비교 형량할 때 보호되는 공익이 더 커야 한다(법익의 균형성)는 헌법상의 원칙이다. 위와 같은 요건이 충족될 때 국가의 입법작용에 비로소 정당성이 인정되고 그에 따라 국민의 수인(受忍)의무가 생겨나는 것으로서, 이러한 요구는 오늘날 법치국가의 원리에서 당연히 추출되는 확고한 원칙으로서 부동의 위치를 점하고 있으며, 헌법 제37조 제2항에서도 이러한 취지의 규정을 두고 있는 것이다."(헌법재판소 1990. 9. 3. 선고 89헌가95 결정).

178) 이상돈, 『헌법재판과 형법정책』(고려대학교출판부, 2005), p.99.

적 논의의 과정에서 실현될 것이다. 이 '민주주의 요청'의 차원에서는 참여자들의 합의를 산출하는 구조의 질과 산출된 합의의 질이 중요한 판단기준이 된다.[179)]

민주주의 요청을 제외한 위의 이익형량의 요청들 각각은 형식적인 기준들이어서 이들 요청들로 이루어진 비례성의 원칙으로부터는 대답을 이끌어 낼 수 없을 것이다. 위에서 든 이익형량법칙과 비례성의 원칙은 일반적인 차원에서나 구체적인 차원에서 가치들의 비중에 대해서, 중요도에 대해서, 그리고 발생할 해악의 비중에 대해서 더 이상 아무것도 말해 주지 않기 때문이다. 이 형식적 기준들은 정밀하게 가공하고 수학화하면 보다 합리적인 이익형량을 할 수 있고, 이로부터 정당한 이익형량이 이루어질 것이라는 생각[180)]은 정당한 이익형량의 필요조건일 수는 있어도, 그리고 일정 정도까지는 의미가 있겠지만 충분하지는 않다. 형식적 이익형량의 기준들만을 적용하여 형량을 한다 하더라도, 헌법재판소 재판관들의 개인적 가치관에 따른 자의적인 이익형량으로 흐르는 현상을 방지하기에는 역부족이기 때문이다.[181)]

이와 관련하여 헌법재판소의 이익형량은 경험적 사실탐구가 이루어져야 할 방법의 적절성 논증이나 피해최소성 논증보다는 가치판단이 주가 되는 법익균형성 논증에 편향되어 있으며, 이러한 편향의 결과 대체로 입법자의 형성권을 광범위하게 존중함으로써 비

---

179) J. Rawls, *Political Liberalism* (Columbia University Press, 1996), pp.233 - 253. 롤즈는 최고법원은 이성적 시민들의 관점을 반영하고 표현하는 이성적 논의의 기관으로서 역할을 수행해야 한다고 주장한다.

180) R. Alexy (정종섭·박진완 옮김), "중요도 공식", 『법학』 제44권 제3호 (서울대학교 법학연구소, 2003), pp.327 - 337.

181) Habermas, *Faktizität und Geltung*, p.310.

례성원칙에 의한 헌법규범의 실현을 위축시키고 있다는 연구결과가 있다.[182]

헌법재판소는 제한되는 기본권의 중요도와 기본권제한의 강도와 방식에 따라서 앞에서 든 비례성 원칙을 엄격하게 적용하기도 하고 완화된 방식으로 적용하기도 한다.[183] 기본권을 제한하는 법률의 목적정당성과 방법의 적절성만을 검토하면 완화된 비례성 심사이며, 피해의 최소성과 법익의 균형성까지 고려하면 엄격심사라는 것이다. 전자의 심사에 따르면 입법형성을 광범위하게 인정하게 되는 반면, 후자의 심사에서는 입법자의 입법형성의 자유는 보다 제한된다.[184]

헌법재판소에 따르면, 엄격심사를 할 것인지 완화된 심사를 할 것인지를 선택하는 과정은 해당 사안과 제한되는 기본권의 성격, 기본권을 제한하는 사유가 되는 원칙들의 성격에 따라 정해진다. 이는 심사단계를 정하는 것 자체가 이미 가치평가의 과정이자 가치평가적 활동의 결과라는 점을 의미하는 것이다.

이제 구체적인 예를 들어 비례성원칙을 통한 이익형량이 어떻게 권리충돌의 문제에 적용될 수 있는지 알아보도록 하자.

먼저 법적 이익형량을 하게 되는 중요한 경우는 개인들 사이의 권리와 자유가 서로 충돌하는 때이다. 예를 들면, 표현의 자유와

---

182) 이상돈, 『헌법재판과 형법정책』, p.101.
183) 이명웅, "비례성 원칙의 2단계 심사론", 『헌법논총』 제15집 (2004), pp.509 – 513.
184) "공무담임권의 제한의 경우는 그 직무가 가지는 공익실현이라는 특수성으로 인하여 그 직무의 본질에 반하지 아니하고 결과적으로 다른 기본권의 침해를 야기하지 아니하는 한 상대적으로 강한 합헌성이 추정될 것이므로, 주로 평등의 원칙이나 목적과 수단의 합리적인 연관성 여부가 심사대상이 될 것이며, 법익형량에 있어서도 상대적으로 다소 완화된 심사를 하게 될 것이다."(헌법재판소 2002. 10. 31. 선고 2001헌마557 결정).

인격권 사이의 충돌이 그 대표적인 사례이다. 여기서 대법원의 견해[185]는 정당한 이익형량을 위한 실질적 기준이 어떠해야 하는지에 관한 중요한 이론적 쟁점들을 담고 있다. 여러 가지 법리들을 제시하는 대법원의 입장을 다음과 같이 정리해 볼 수 있다.[186]

첫 번째, 이익형량 일반 기준으로서 개인의 명예보호라는 인격권적 법익과 표현의 자유보장이라는 법익이 충돌할 때, 그 조정을 어떻게 할 것인지는 구체적인 경우에 사회적인 여러 가지 이익을 비교하여 표현의 자유로 얻어지는 이익, 가치와 인격권의 보호에 의하여 달성되는 가치를 이익 형량하여 그 규제의 폭과 방법을 정하여야 한다는 것이다.

두 번째, 이익형량 시 표현의 자유가 우위성을 가지게 되는 요건이 존재한다는 것이다. 어떤 표현이 타인의 명예를 훼손하더라도 그 표현은 공공의 이해에 관한 사항이며 그 목적은 공공의 이익을 위한 것이어야 하고(공공성 요건), 진실한 사실이거나 진실이라고 믿을 만한 상당한 이유가 있어야 한다(진실성 요건).

세 번째, 인격권을 침해하는 표현의 자유의 중요성을 판정하는 기준으로서 사적인 인물에 관한 표현일 경우에는 표현의 자유보다 인격권이 상대적으로 우선하고, 공적인 인물이나 공공적이고 대중적인 의미를 가지는 사안의 경우에는 표현의 자유가 가지는 비중이 상대적으로 더 커진다는 것이다. 그리고 만일 공적인 존재가 가지는 국가적·사회적 영향력이 크면 클수록 그의 정치적 이념에

---

185) 대법원 1988. 10. 11. 선고 85다카29 판결; 대법원 2002. 1. 22. 선고 2000다37524 판결.
186) 김도균, "법적 이익형량의 구조와 정당화 문제", 『법학』 제48권 제2호 (서울대학교 법학연구소, 2007), pp.104 - 105.

관한 표현의 자유는 인격권에 비해서 그만큼 더 큰 비중을 갖게 되어 부분적인 오류나 다소의 과장이 있다고 하더라도 섣불리 불법행위의 책임을 물어 언론을 봉쇄하여서는 안 된다는 것이다.[187]

표현의 자유와 인격권이 구체적 사안에서 갖는 상대적 중요도를 판정하는 기준으로서, 대법원의 위 입장은 설득력 있는 지침으로서 이후의 판례와 학설에 의해 승인되어 왔다.[188]

또한 헌법재판소는 "국민의 알권리와 다양한 사상·의견의 교환을 보장하는 언론의 자유는 민주제의 근간이 되는 핵심적인 기본권이고, 명예 보호는 인간의 존엄과 가치, 행복을 추구하는 기초가 되는 권리이므로, 이 두 권리를 비교·형량 하여 어느 쪽이 우위에 서는지를 가리는 것"이 핵심적인 헌법적 평가문제라고 하면서 다음과 같은 일반기준을 제시하였는데, 이 기준은 앞에서 든 대법원의 판결에서 수용되기도 하였다.

> "그러므로 언론매체의 명예 훼손적 표현에 위에서 본 실정법을 해석·적용 할 때에는 언론의 자유와 명예 보호라는 상반되는 헌법상의 두 권리의 조정 과정에 다음과 같은 사정을 고려하여야 한다. 즉 당해 표현으로 인한 피해자가 공적 인물인지 아니면 사인인지, 그 표현이 공적인 관심 사안에 관한 것인지 순수한 사적인 영역에 속하는 사안인지, 피해자가 당해 명예 훼손적 표현의 위험을 자초한 것인지, 그 표현이 객관적으로 국민이 알아야 할 공공성·사회성을 갖춘 사실(알권리)로서 여론형성이나 공개토론에 기여하는 것인지 등을 종합하여 구체적인 표현 내용과 방식에 따라 상반되는 두 권리를 유형적으로 형량한 비례관계를 따져 언론의 자유에 대한 한계 설정을 할 필요가 있는 것이다. 공적 인물과 사인, 공적인 관심 사안

---

187) 박영선, 『언론정보법연구 Ⅰ』 (법문사, 2002), pp.155 - 160.
188) 대법원 판례의 경향과 이론적 쟁점에 대해서는 양창수, 『민법연구』 제7권 (박영사, 2003), pp.413 - 430; 양창수, 『민법연구』 제8권 (박영사, 2005), pp.57 - 64.

과 사적인 영역에 속하는 사안 간에는 심사기준에 차이를 두어야 하고, 더욱이 이 사건과 같은 공적 인물이 그의 공적 활동과 관련된 명예 훼손적 표현은 그 제한이 더 완화되어야 하는 등 개별 사례에서의 이익형량에 따라 그 결론도 달라진다."[189]

이와 같은 헌법재판소의 입장은 공적 영향력이 큰 공적 인물에 관해서나 국가의 운명과 국민 개개인의 존재양식을 결정하는 중대한 공공적인 사안에 관한 경우에는, 그렇지 않은 경우보다는 표현의 자유가 인격권에 대하여 상대적으로 더 큰 비중을 인정받게 된다는 논지를 담고 있다. 그 이유는 그러한 사실관계의 맥락에서는 표현의 자유가 민주적 공공성의 형성이라는 공익에 더 긴밀하게 관련되어 있어서 그만큼 비중이 커지기 때문이다.

또한 헌법재판소는 표현내용에 대한 규제와 관련해서는 중대한 공익의 실현을 위하여 불가피한 경우에 한하여 엄격한 요건하에서 허용되는 반면, 표현내용과 무관하게 표현의 방법을 규제하는 것은 합리적인 공익상의 이유로 폭넓은 제한이 가능하다는 일반적 이익형량 기준을 제시한 후,[190] 상업광고의 표현의 자유에 대해서는 '완화된 비례성 원칙 심사'를 적용한다.

"상업광고는 표현의 자유의 보호영역에 속하지만 사상이나 지식에 관한 정치적, 시민적 표현행위와는 차이가 있고, 한편 직업수행의 자유의 보호영역에 속하지만 인격발현과 개성신장에 미치는 효과가 중대한 것은 아니다. 그러므로 상업광고 규제에 관한 비례의 원칙 심사에 있어서 '피해의 최소성' 원칙은 같은 목적을 달성하기 위하여 달리 덜 제약적인 수단이 없을 것인지 혹은 입법목적을 달성하기 위하여 필요한 최소한의 제한인지

189) 헌법재판소 1999. 6. 24. 선고 97헌마265 결정.
190) 헌법재판소 2002. 12. 18. 선고 2000헌마764 결정.

를 심사하기보다는 '입법목적을 달성하기 위하여 필요한 범위 내의 것인지'를 심사하는 정도로 완화되는 것이 상당하다."[191]

이러한 입장을 자유론과 민주주의이론과 결부시켜 보면, 민주주의의 가치실현에 기여하는 권리들 및 자유들과 개인의 자주성 영역과 관련된 권리들을 보장하는 데 해당 표현의 자유가 얼마나 기여하는가에 따라서 문제가 되는 표현행위의 중요도를 판정하는 이익형량이 이루어진다는 좀 더 구체적인 시각을 얻을 수 있게 될 것이다.

또한 법적 이익형량에서 무시할 수 없는 부분이 바로 개인의 권리와 공익이 상호 충돌할 때의 문제이다.[192] 사실 '공익' 개념 자체가 매우 불확정적이어서 과연 법적 개념으로서의 유용성이 있는지가 논쟁의 대상이 되기도 한다.[193] 나아가서는 설사 공익개념을 구체화하였다고 하더라도 공익을 내세워서 개인의 자유와 권리를 손쉽게 제한하는 국가주의적 또는 공익 중심적 입장 또한 많은 문제들을 양산한다.[194] 이러한 점들이 세밀하게 연구되어야 할 것이지만 여기서는 일단 재산권을 제한하는 정당화사유로서 공익을 제시하는 헌법재판소의 판례를 이익형량 적용사례로 살펴보고자 한다.

헌법재판소는 재산권의 제한과 관련하여 주목할 만한 판결들을 계속해서 내놓고 있다. 재산권의 제한과 관련해서 헌법재판소는 헌

---

191) 헌법재판소 2005. 10. 27. 선고 2003헌가3 결정.

192) 개인의 권리와 공익의 충돌과 관련된 이익형량의 문제는 Alexy, *Recht, Vernunft, Diskurs*, pp.232 - 261.

193) 김도균, "법원리로서의 공익: 자유공화주의 공익관의 관점에서", 『법학』 제47권 제3호 (서울대학교 법학연구소, 2006), pp.155 - 159.

194) 이러한 문제점에 대해서는 제철웅, "사적 자치와 공익의 상호 관계", 『법학』 제47권 제3호 (서울대학교 법학연구소, 2006), pp.121 - 125.

법 제23조 제1항과 제2항에 비추어서, 헌법 제37조 제2항에서 도출되는 비례성의 원칙을 재산권의 속성별로 나누어서 적용하고 있다. 헌법 제23조 제2항에서 재산권의 공공복리 적합성을 규정하고 있다는 점을 고려하면, 재산권과 공익의 비교가능성이 헌법상 주어졌고 이로부터 양 원칙 사이의 이익형량도 가능해졌다고 볼 수 있을 것이다. 재산권의 제한과 관련하여 헌법재판소의 주목할 만한 판결은 다음과 같다.

> "재산권에 대한 제한의 허용정도는 재산권 행사의 대상이 되는 객체가 기본권의 주체인 국민 개개인에 대하여 가지는 의미와 다른 한편으로는 그것이 사회전반에 대하여 가지는 의미가 어떠한가에 달려 있다. 즉 재산권 행사의 대상이 되는 객체가 지닌 사회적인 연관성과 사회적 기능이 크면 클수록 입법자에 의한 보다 광범위한 제한이 정당화된다. 다시 말하면, 특정 재산권의 이용이나 처분이 그 소유자 개인의 생활영역에 머무르지 아니하고 일반국민 다수의 일상생활에 큰 영향을 미치는 경우에는 입법자가 공동체의 이익을 위하여 개인의 재산권을 규제하는 권한을 더욱 폭넓게 가진다고 하겠다."195)

기본권의 사회적 연관성이 크면 클수록 기본권을 제한하는 공익의 정당화 정도도 그만큼 커진다는 기본권의 일반적 이익형량기준의 연장선상에서, 위와 같은 선도적 판결 이후 나온 판결들을 종합하여 헌법재판소는 다음과 같은 재산권관련 이익형량의 일반원칙을 제시한다.

> "헌법은 재산권을 보장하지만 다른 기본권과는 달리 '그 내용과 한계는

---

195) 헌법재판소 1998. 12. 24. 선고 89헌마214등 결정.

법률로 정한다'고 하여 입법자에게 재산권에 관한 규율권한을 유보하고 있다. 그러므로 재산권을 형성하거나 제한하는 입법에 대한 위헌심사에 있어서는 입법자의 재량이 고려되어야 한다. 재산권의 제한에 대하여는 재산권 행사의 대상이 되는 객체가 지닌 사회적인 연관성과 사회적 기능이 크면 클수록 입법자에 의한 보다 광범위한 제한이 허용되며, 한편 개별 재산권이 갖는 자유 보장적 기능, 즉 국민 개개인의 자유 실현의 물질적 바탕이 되는 정도가 강할수록 엄격한 심사가 이루어져야 한다.".196)

즉 재산권의 보호강도와 중요도 또는 재산권의 제한정도는 한편으로는 사회적 연관성과 사회적 기능, 다른 한편으로는 개인의 자유보장적 기능의 함수라는 것이다. 특히 토지재산권의 경우에는 사회적 연관성과 파급력이 크므로 토지재산권의 제한과 관련해서는 입법자의 입법형성권의 범위가 넓어진다.

재산권이 개인의 자주성의 핵심에 필수적인 기능을 수행하면 할수록 엄격한 비례성 심사가, 재산권의 사회적 영향력이 크면 클수록 완화된 비례성 심사가 이루어져야 한다는 헌법재판소의 입장은 좀 더 깊이 있게 분석되어야 할 연구대상일 것이다. 즉 재산권제한과 관련된 헌법재판소의 판례는 재산권에 대한 철학적 견해들을 검토하고 법학적 재산권이론들을 분석한 후에야 비로소 재산권과 공공복리 사이의, 재산권의 자유 보장적 기능과 사회적 연관성 사이의 이익형량이 제대로 이루어질 것이라는 점을 암시하고 있는 것이라 할 수 있다.197)

---

196) 헌법재판소 2005. 5. 26. 선고 2004헌가10 결정.
197) 철학적 분석과 권리이론적 분석을 결합하여 분석하고 있는 문헌으로는 J. Waldron, *The Right to Private Property* (Oxford University Press, 1988).

V. 새로운 이익형량방법론의 모색

좁은 의미의 비례성 원칙, 즉 법익균형성의 원칙은 다음과 같은
요청을 내용으로 하고 있다.

> "선택지로서 제시된 여러 행위·규칙들 각자가 내세우는 이익과 해악을
> 비교한 후에, 그 어떤 대안들보다도 발생할 해악에 대하여 보다 우월한 비
> 율의 이익을 낳을 것이라고 평가된 행위·규칙을 선택하라."[198]

이때 이익과 해악 사이의 '보다 우월한 비율'을 양적인 관점에서
판단하면 '양적 비례성주의'가 될 것이다. 양적 비례성주의를 요약
한다면 '순이익을 최대화하라.' 또는 '순해악을 최소화하라.'는 요
청으로 집약될 수 있을 것이다. 아니면 '선택지들 중에서 가장 나
은 결과를 낳을 행위·규범을 선택하라.'는 요청으로 생각할 수도
있을 것이다. 발생할 이익과 해악의 수치를 각각 정확하게 양적으
로 매겨서 계산하는 것은 불가능하겠지만,[199] 적어도 여러 선택지
들을 비교하여 어떤 한 선택지의 결과가 다른 선택지들의 결과들
보다 '더 낫다'거나 '더 못하다'거나 '동등하다'거나 하는 비교판단
은 가능하다는 것이 양적 비례성주의의 근본전제이다.

'좁은 의미의 비례성 원칙'(법익균형성의 원칙)에 바탕을 둔 비례
성 원칙 자체는 매우 적절한 방법이다. 다만 실현되어야 할 가치와
보호되어야 할 가치의 중요도, 그리고 발생한 해악의 비중을 측정
하기 위한 실질적 평가기준을 도입하지 않은 채 각각의 법원리들

---

198) J. Finnis, *Fundamentals of Ethics* (Clarendon Press, 1983), pp.86-87.
199) 이준일, 『법학입문』 (박영사, 2004), p.194.

이 낳는 비용과 편익이 자동적으로 계량될 수 있는 것처럼 가정한 다면 설득력이 떨어질 것이다. 이익형량을 둘러싼 논쟁에서는 각자의 실질적 논거들을 명확하게 제시하는 공공적 논증 과정 속에서 충돌하는 가치들 또는 원리들의 상대적 비중을 보다 설득력 있는 실질적 논거들로써 측정하는 이익형량이 선택되어야 할 것이다.

그렇지만 실질적인 형량의 기준들을 도입하되 형량회의론을 극복할 방안이 있는 것일까? 이와 관련하여 개인과 사회에 대한 도덕철학적 또는 정치철학적 견해에서 출발하여 입헌민주적 사회가 갖추어야 할 바람직한 속성에 대한 규범적 견해, 개인의 행복과 권리와 자유의 본질 등에 대한 이론, 사회정의론 및 민주주의이론에 비추어서 비교되어야 할 가치들의 비중과 해악들의 중대성들을 평가한 후, 경험적 탐구를 통하여 그 비교·형량의 타당성을 확인하는 이익형량의 방법을 '질적 이익형량 방법'이라고 명명하고 이를 주장하는 견해가 있다.[200) 여기서 '질적 이익형량'이란 규범적 가치형량과 경험적 탐구가 결합된 이익형량이라고 한다.[201)

하지만 과연 '질적 이익형량 방법'은 가능한 것일까?[202) 만약

---

200) 김도균, "법적 이익형량의 구조와 정당화 문제", p.111.

201) 질적 이익형량의 가능성에 대해서 논의하고 있는 문헌으로는 Waldron, *Liberal Rights*, pp.215 – 224; Marmor, "On the Limits of Rights", pp.9 – 14.

202) 사실 질적 이익형량의 방법을 구축하기 위해서 가장 먼저 극복하여야 할 반론은 앞서 언급했다시피 가치들의 질적 비교는 불가능하다는 '通約不可能性'(incommensurability) 논변이다. 통약불가능성 논변은 이익형량 자체에 대한 비판을 담고 있는 것이기도 하다. 실제로 가치형량 또는 이익형량에 대한 비판의 계보의 뿌리는 깊다. 이익형량 회의론이 생겨나는 이유는 충돌하는 가치 사이에서 통약불가능성이 존재한다는 문제 때문이다. 가치판단 또는 실천적 판단에서 충돌하는 가치들 또는 행위 선택지들이 비교 가능하다 함은 해당 가치들 사이에서 '…보다 못하다', '…보다 낫다', '…와 같다'는 판단 중 어느 하나를 적용할 수 있는 경우를 말한다. 이에 반해서 가치들 또는 행위 선택지들이 비교 불가능하다 함은 위세 가지 비교판단을 전혀 적용할 수 없는 경우이다. 즉 가치들을 비교하거나 행위 선택지를 비교하여 '…보다 낫다'거나 '…보다 못하다' 또는 '동등하다'라는 판단을 내릴 수 있게 하는 척도 또는 공통의 측정규준이 없는 상태를 두고 '통약불가능성'이라고 말한다.

'질적 이익형량'이라는 방법이 가능하다면 그것은 어떠한 기준과 내용을 담고 있는 것인가? 이와 관련하여 실질적인 과제는 형식적 이익형량의 법칙들과 실질적인 정치철학적 견해들을 이익형량 과정에 도입시켜 실질적이면서도 합리적인 이익형량모델을 구축해 현실에 대입해 보는 것일 것이다. 하지만 이에 관한 구체적인 연구들은 우리 법학계에서 거의 전무한 상태이다. 공법학계뿐만 아니라 심지어 법철학계에서도 권리의 실현과 충돌문제에 대해서는 깊이 있게 연구하고 있지 못하는 실정이며, 축적된 연구결과 또한 별로 없어 후속연구에 어려움을 주고 있다.

사생활영역에서의 사적인 분쟁이 권리다툼과 권리충돌로 인해 기하급수적으로 늘어나고 있는 권리확산의 시대를 맞이하여 권리실현과 권리충돌문제를 해결할 수 있는 뚜렷하고 설득력 있는 방안을 마련하는 일은 매우 시급한 과제일 것이다.

따라서 다음에서는 새로운 이익형량방법론을 모색함에 있어 필수적으로 갖추어야 할 몇 가지 요소들에 대해 제언함으로써 이러한 논의를 활성화하고자 한다. 권리 간의 충돌을 해결하고 이익형량을 적용함에 있어 필요한 전제와 기준에는 다음과 같은 것들이 반드시 적용되어야 한다.

먼저 법적 권리의 충돌 시, 어느 한 권리의 무제한적 우선권을 고집해서는 안 될 것이다. 권리란 본질상 사회에서 나 아닌 타인과 공존하기 위한 규범의 양식을 뜻하기 때문에, 타인의 권리를 침해하지 않는 범위 내에서만 법적인 보호를 받을 수 있다는 인식이 전제되어야 한다. 두 번째로, 권리 상호 간에 일정한 위계질서가 가능하다는 가설이 전제되어야 한다. 기본적으로 법질서가 사회공동체의 가치 있는 동의인 동시에 동화적 통합의 생활양식을 의미한다고 할 때, 권리는 독자적인 의미와 기능을 가지기 때문에 원칙적으로는 모든 권리는 동등하다고 할 것이다. 그러나 권리가 '인간의 존엄성'이라는 가장 근본적인 가치를 실현하기 위한 수단이라고 할 때, 이러한 가치적인 우위성이 다른 권리보다도 상위에 자리매김할 수 있는 정당성을 부여해 준다. 이는 생명권의 경우에도 마찬가지이다. 이렇게 볼 때, 권리 상호 간에는 제한적이기는 하지만 일정한 위계질서가 있을 수 있다.

하지만 권리 상호 간에 명백한 가치의 우열이 있다고 말할 수 있는 몇몇 경우를 제외하고는 그러한 기준을 정하기가 쉽지 않은 형편이다. 그렇다면 상이한 권리들이 상호 충돌하는 경우 어떠한 이익형량의 기준을 구체적으로 설정할 수 있을까?

앞서 살펴본 위계질서가 분명한 권리 간의 충돌인 경우에는 상하우선의 원칙에 의해 해결할 수 있을 것이나 그런 사례는 많지 않다고 할 것이다. 따라서 권리충돌의 대부분은 동등한 권리 간의 충돌이라고 할 수 있을 텐데, 이 경우에 적용할 수 있는 것이 '인격권 가치우선의 원칙'과 '자유 우선의 원칙'이다.[203]

그렇지만 이러한 원칙들은 권리충돌사례를 해결하기 위한 지극히 기초적인 기준에 지나지 않는다. 이런 기준만으로 해결할 수 없는 권리충돌의 경우가 얼마든지 있을 수 있으며, 이 때문에 이익형량의 방법적 한계가 존재하게 되는 것이다.

이 같은 연유로 해서 이익형량의 수단만으로 해결이 어려운 권리충돌의 문제를 해결할 수 있는 방법으로 바로 헌법이론상의 '규

203) 허 영, 『헌법이론과 헌법』, pp.453 – 454.

범조화적 해석'(praktische Konkordanz)을 차용할 필요성이 생기게 된다.

규범조화적 해석이론은 기본권의 충돌문제를 해결하기 위한 수단으로 제시된 이론으로 '조화의 원칙'(Prinzip der Harmonisierung)이라고도 불린다. 이 이론은 두 권리가 충돌하는 경우에도 이익형량을 통해 어느 하나의 권리만을 타 권리에 우선시키지 않고 헌법의 통일성을 유지하기 위해 충돌하는 권리 모두가 최대한으로 그 기능과 효력을 나타낼 수 있는 조화의 방법을 찾으려는 것이다.

이익형량방법과 다른 점은 권리 간의 위계질서를 반드시 전제하지 않으며, 충돌하는 두 권리의 효력을 함께 존중할 수 있는 조화의 길을 찾으려는 데 있다. 하지만 문제는 그와 같은 조화점을 어떻게 찾아내느냐 하는 방법상의 어려움이다.

여기서 우선 제시할 수 있는 방법이 앞서 살펴본 과잉금지의 원칙이다. 일반론적으로 충돌하는 권리 모두에게 일정한 제약을 가함으로써 두 권리의 효력을 양립시키되 제약은 필요한 최소한에 그쳐야 한다는 것이다. 충돌하는 권리를 조화시킨다는 목적을 달성하기 위해서는 제한은 최소한만 가하는 것이 적합한 최선의 비례적인 방법이라는 측면에서 제시되는 원칙이다.

그렇지만 규범조화적 해석방법도 그 이상(理想)에 비해서 현실적인 측면은 그리 단순하지만은 않다. 지적했듯이 충돌하는 권리의 효력을 함께 인정할 수 있는 조화점을 찾는다는 것이 결코 쉬운 일은 아니기 때문이다. 여기서 제시되는 또 하나의 방법이 '대안식 해결방법'이다. 이것은 말 그대로 충돌하는 권리 모두 침해되지 않는 일종의 대안을 찾아 문제를 해결하려는 방법이다.

이러한 '대안식 해결방법'에 의해서도 권리충돌을 조화시킬 수 없는 경우에 대해서는 극단적인 수단을 배제하고 권리보호의 목적에서 가능한 최후의 수단까지는 억제해야 한다고 주장하는 견해도 있다.[204)

이상과 같이 살펴본 결과, 이익형량의 방법만으로 권리충돌문제를 확실하게 해결할 수 없는 것처럼 규범조화적 해석방법만으로도 모든 권리충돌문제를 원만하게 해결할 수는 없다. 결국 권리실현에 있어 부딪히게 되는 권리충돌의 문제는 이익형량과 규범조화적 해석방법을 모두 동원하여 다각적이고 입체적인 검토를 해야 하는 매우 복잡한 성질의 사안임에 틀림없다. 이것이 앞으로도 이 분야에 대해 좀 더 활발하고 깊이 있는 연구가 필요한 이유라고 할 수 있다.

법해석은 결국 이익형량을 필요로 하며, 이익형량추론은 정치철학적 가치들과 판단들이 원리들 간의 비중을 측정하는 실질적 논거들로 활용되는 과정을 거쳐 이루어진다. 이는 결국 법원의 판결을 대상으로 논리적인 분석을 한 후에, 그 속에 들어 있는 정치철학적 가치판단들을 추출하여 그 근거로 제시된 규범들이 정당한지 여부를 고찰하는 작업이 가능함을 말해 준다.

통상 이익형량을 할 때, 상충하는 이익들의 비중을 측정하는 대표적인 방식은 '이익실현 최대화 기준'이다. 이러한 점 때문에 공리주의적 이익형량모델이나 법경제학 이익형량모델이 대안으로 설득력 있게 제시되기도 한다.

알렉시는 이익형량판단이 곤경에 빠지게 되는 경우를 두 가지로

---

204) 허 영, 『헌법이론과 헌법』, p.457.

구분하여 설명한다. 첫 번째는 이익형량의 교착상태이다.[205] 두 번째는 한 원리를 제한하는 사유의 중요도나 침해강도에 대하여 근본적인 불일치가 있는 경우이다.[206]

사회가 안정화되려면 사회구성원들 사이에서, 공정한 협동체계로서 한 정치적 공동체가 유지되기 위해서 반드시 일정한 결정을 내려야만 하는 중요한 공공적 사안들이 있기 마련이다. 가치다원주의 사회로 전환되어 갈수록 세계관, 종교관, 철학적 견해들 사이의 심원한 불일치는 더 깊어 갈 것인데, 과연 법적 이익형량의 차원에서 이러한 불일치를 해소할 만한 가능성은 있는 것일까? 이는 가치다원주의 사회에서 권리 간의 충돌 및 갈등, 권리실현의 문제를 법적 이익형량을 통해 다룰 필요가 있음을 암시한다고 할 것이다.

---

205) 이에 관한 알렉시의 설명은 다음과 같다. "이익형량의 교착상태는 한 원리에 대한 침해의 강도가 경미하면서 동시에 침해를 정당화하는 사유의 비중 역시 경미한 경우에, 또는 중간단계의 원리 침해에 대하여 역시 중간단계의 비중을 갖는 정당화사유가 존재할 뿐인 경우에 발생한다. 가장 어려운 이익형량의 교착상태는 원리 침해가 매우 중대하면서 동시에 그 침해를 정당화하는 사유의 중요도도 역시 매우 큰 경우이다."

206) 이는 정치적, 이데올로기적, 도덕철학적 견해들의 불일치에서 비롯된다. 예를 들어 산모의 건강을 위하여 태아를 낙태하는 행위가 인간생명의 보호를 얼마나 중대하게 침해하는 것인지는 태아의 지위를 평가하는 종교적, 이데올로기적, 도덕철학적 견해들에 따라서 각각 달라진다.

제5장

현대사회와 권리실현

권리란 무엇인가? 또한 권리는 왜 존재해야
하며 그 근거는 어디에서 찾을 수 있는가? 권리
를 실현하는 데 있어서, 그리고 권리충돌의 경
우에 있어서 해결책은 있는 것인가? 이러한 관
점들이 오늘날 권리담론에서 다루어지고 있는
권리논의의 전부라고 해도 과언은 아닐 것이다.
  전통적인 권리의 양대 이론에 대한 고찰, 20
세기 초 호펠드의 권리분석과 범주에 대한 연구
들은 법적 권리가 과연 무엇인가를 다시금 재정
의하는 계기가 되었다. 칸트와 사비니, 그리고

예링과 벤담으로 구분되는 권리논의는 호펠드의 등장으로 획기적인 전환점을 맞게 된다.

호펠드가 분석한 권리범주인 청구와 의무, 자유와 무권리, 권능과 책임, 면제와 무권능의 대응관계는 권리와 관련하여 많은 논의거리를 제공해 주었다. 복잡한 구조를 가진 권리체계를 이해하고 현실에 적용하는 데 호펠드의 권리범주는 아직도 매우 유용한 측면을 지니고 있다.

하트는 호펠드의 권리범주들 중 자유와 청구 그리고 권능에 대한 분석적 연구를 통해 가장 기본적인 권리범주를 양면적 선택을 행사할 자유권으로 보았다. 하트의 권리에 대한 법철학적 연구는 법적 권리가 가지는 제도적 성격을 분명히 함으로써 다른 종류의 권리의 기본적인 유형을 유추할 수 있는 계기를 마련하였다. 즉 일차적 규칙과 이차적 규칙의 결합으로서의 법체계를 통해 모든 관행적 권리를 파악하는 단초를 마련하였고 법적 권리 모델을 모든 권리 모델의 기본 모델로 삼을 수 있는 여지를 제공하였다.

보호된 선택과 자율성을 주장하는 의사설과는 달리 이익설은 이익이 있는 곳에 권리를 인정하려고 하였다. 권리의 근거를 설명하려는 두 가지 상반된 입장은 오늘날에도 여전히 그 유용성은 인정되지만, 권리를 근거 짓는 가장 중요한 요소를 누구의 권리냐, 그 내용은 무엇이냐, 그것이 다른 권리보다 우월한가, 그것은 급박한 것인가를 물을 때는 만족할 만한 답을 주지 못한다. 특히 20세기 들어 증가하고 있는 권리의 확산현상에 따라 새로운 권리이론에 대한 요구가 생기게 되었다.

이와 관련하여 먼저 권리의 이념적인 기초를 타당한 청구로서의 권리에서 찾으려고 한 파인버그에 대해 살펴보았다. 호펠드의 권리 범주 중 '청구'를 통해서 법적 권리개념을 도덕적 권리논의로 확대하려는 견해로서, '권리의 제재이론'이라고 불리기도 한다.

웰만은 법적 권리의 존재조건을 고찰하고 그것을 권리 모델로 삼아 법적 권리의 존재조건으로부터 실증도덕적 권리의 존재조건을 유추할 수 있다고 주장하였다. 바로 웰만의 법현실주의적 기능주의적 관점이다. 이 견해는 법적 권리를 하나의 규범적 사실로 봄으로써, 권리의 확실성을 얻으려는 의도를 가졌다.

권리에 관한 연구는 역사적으로 실정법적 권리를 중심으로 행해져 왔다. 오늘날도 많은 문헌들이 실정법적 권리를 논하면서 권리개념에 대해 언급한다. 그러나 라즈와 같은 학자는 이에 관해 의문을 제기한다. 그 이유는 권리를 의무의 강제나 제재 등과 같은 규범적인 힘에 기초하여 설명할 우려가 있다는 것이다. 또 제도화된 법적 규범체계는 법원에 의해 인식되고 적용되는 규준들로 구성되는데 법은 권리주체에게만 소권(訴權)을 주고 있어서 소권으로 설명할 수 있는 것만 권리로 보는 오류를 저지를 수 있다는 것이다. 나아가 도덕에 대한 관점까지 변형시키는 결과를 낳을 수 있다는 것이다. 이와 같은 주장도 일리는 있으나 법학영역에서 주로 다루어지는 권리는 법적 권리와 같은 실정법적 권리이며, 실생활에서 충돌과 갈등의 문제를 겪는 경우도 마찬가지로 법적 권리가 주된 대상이 된다.

일반적으로 권리는 특별한 지위를 가진다고 인정된다. 그렇다면 이것은 권리가 공공복리와 같은 규범적 가치와 충돌할 때, 항상 우위에 선다는 것을 뜻하는가? 그리고 권리들 중에서도 절대적 우위를 갖는 권리가 존재하는가? 또한 권리의 한계를 그을 수 있는가? 권리와 권리가 충돌할 때 해결방법에는 어떤 것이 있는가?

권리논의의 마지막 단계에서 비롯되는 이러한 문제들은 아직은 본격적으로 연구되지 않은 영역이다. 특별히 전통적인 권리논의나 오늘날의 권리담론에서 이에 관한 구체적인 방법과 해결책을 제시하고 있는 학자는 거의 없어 보인다. 따라서 대안으로 법적 추론의 한 방식인 이익형량을 통해 권리 간의 충돌문제를 해결할 수 있는지 그 가능성을 검토해 보았다.

권리는 현대 사회에서 가장 보편적인 개념 중의 하나이다. 과거에는 권리보다는 의무나 책무가 더 인간의 삶에 핵심적인 개념이었던 적도 있었지만, 오늘날 각 개인들은 권리라는 개념을 사용하여 자신의 삶을 지키고 개선하고자 노력한다. 이 책에서는 권리보유자가 자신의 권리를 현실적 권리로 정당화하는 데 필요한 근거와 이유를 권리이론의 주장별로 정리하고, 실생활에 있어 권리실현 및 권리충돌의 문제에 있어서 실천적 해결점을 찾고자 함으로써, 결국은 권리논의가 인간의 삶을 향상시키고 합리적인 지위를 찾고자 하는 논의임을 밝히고, 해결의 유용한 분석틀을 제시하고자 하였다.

국내문헌

김도균, "법적 권리에 대한 연구(Ⅰ)", 『법학』 제43권 제4호 (서울대학
　　교 법학연구소, 2002).
_____, "권리담론의 세 차원", 『법철학연구』 제7권 제1호 (2004).
_____, "법원리로서의 공익: 자유공화주의 공익관의 관점에서", 『법학』
　　제47권 제3호 (서울대학교 법학연구소, 2006).
_____, "법적 이익형량의 구조와 정당화 문제", 『법학』 제48권 제2호
　　(서울대학교 법학연구소, 2007).
김연미, "권리의 구조와 근거에 대한 법철학적 연구", 이화여자대학교
　　박사학위논문 (2002).
_____, "하트의 권리론", 『법철학연구』 제6권 제1호 (2003).
_____, "드워킨의 법철학 안에서의 권리와 정책의 관계 – 새로운 권리
　　본질론의 탐색을 위하여", 『법과 정책연구』 제6집 제2호 (2006).
김영환, 『법철학의 근본문제』 (홍문사, 2006).
김정오, "비판법학의 원천과 쟁점들", 『현대법철학의 흐름』 (법문사, 1997).
_____, "성담론과 법담론의 접점에 나타난 법논증구조", 『응용법철학』
　　(아카넷, 2002).
_____, 『한국의 법문화: 인식, 구조, 변화』 (나남출판, 2006).
_____, 『현대 사회사상과 법』 (나남, 2007).
_____, "로베르토 웅거의 사회이론과 법이론", 『외법논집』 제27집 (2007).
김정오 외 공저, 『법학개론』 5판 (박영사, 2006).
김현철, "권리의 우선성에 대한 고찰", 『법철학연구』 제7권 제1호 (2004).

박영선,『언론정보법연구 Ⅰ』(법문사, 2002).

박은정,『자연법사상』(민음사, 1987).

_____,『법철학의 문제들』(박영사, 2007).

심헌섭,『법철학 Ⅰ(법・도덕・힘)』(법문사, 1982).

_____, "권위에 관하여 - 배제적 법실증주의에서 포용적 법실증주의에
로 - ",『법학』제39권 제2호 (서울대학교 법학연구소, 1998).

_____,『분석과 비판의 법철학』(법문사, 2002).

양창수,『민법연구』제7권 (박영사, 2003).

_____,『민법연구』제8권 (박영사, 2005).

오세혁,『법철학사』(세창출판사, 2004).

이명웅, "비례성 원칙의 2단계 심사론",『헌법논총』제15집 (2004).

이봉철,『현대인권사상』(아카넷, 2001).

_____,『삶의 질서와 서구 자유주의 정치이론: 권리에서 권위까지』(인
간사랑, 2006).

이상돈,『헌법재판과 형법정책』(고려대학교출판부, 2005).

이종수, "참여민주주의 실현과 국가경쟁력",『세계헌법연구』제11권 제
1호 (2005).

이준일, "기본권제한에 관한 결정에서 헌법재판소의 논증도구",『헌법
학연구』제4집 제3호 (1998).

_____,『법학입문』(박영사, 2004).

이충진, "칸트의 권리론: 내적 권리와 외적 권리",『철학연구』제73집
(2002).

인권법교재발간위원회 편,『인권법』(아카넷, 2006).

장영민, "드워킨의 권리와 원리의 법철학",『현대법철학의 흐름』(법문
사, 1997).

제철웅, "사적 자치와 공익의 상호 관계",『법학』제47권 제3호 (서울
대학교 법학연구소, 2006).

조효제,『인권의 문법』(후마니타스, 2007).

최봉철, "권리의 개념에 관한 연구 - 의사설과 이익설의 비교 - ",『법철
학연구』제6권 제1호 (2003).

최봉철, "권리론: 권리담론의 분석",『법철학연구』제6권 제2호 (2003).

최봉철, "도덕과 권리", 『법철학연구』 제7권 제1호 (2004).

최봉철, 『현대법철학 – 영어권 법철학을 중심으로』 (법문사, 2007).

허 영, 『헌법이론과 헌법』 신판 (박영사, 2007).

황치연, "헌법재판의 심사척도로서의 과잉금지원칙에 관한 연구", 연세 대학교 박사학위논문 (1996).

판례

대법원 1988. 10. 11. 선고 85다카29 판결.

대법원 1994. 3. 8. 선고 92누1728 판결.

대법원 1997. 9. 26. 선고 96누10096 판결.

대법원 2002. 1. 22. 선고 2000다37524 판결.

헌법재판소 1990. 9. 3. 선고 89헌가95 결정.

헌법재판소 1998. 12. 24. 선고 89헌마214등 결정.

헌법재판소 1999. 6. 24. 선고 97헌마265 결정.

헌법재판소 2002. 10. 31. 선고 2001헌마557 결정.

헌법재판소 2002. 12. 18. 선고 2000헌마764 결정.

헌법재판소 2005. 5. 26. 선고 2004헌가10 결정.

헌법재판소 2005. 10. 27. 선고 2003헌가3 결정.

외국문헌

Alexy, R., *Theorie der Grundrechte* (Suhrkamp, 1986).

_____., "Individual Rights and Collective Goods", in *Rights*, ed. C. Nino (New York University Press, 1992).

_____., *Recht, Vernunft, Diskurs: Studien zur Rechtsphilosophie* (Suhrkamp, 1995).

_____., "Die Institutionalisierung der Menschenrechte im demokratischen Verfassungsstaat", in *Philosophie der Menschenrechte*, ed. S. Gosepath & G. Lohmann (Frankfurt/M, 1998).

_____., (정종섭 · 박진완 옮김), "중요도 공식", 『법학』 제44권 제3호

(서울대학교 법학연구소, 2003).

_____., (이준일 옮김), 『기본권이론』 (한길사, 2007).

Balkin, J. M., "The Hohfeldian Approach to Law and Semiotics", *University of Miami Law Review 44* (1990).

Bentham, J., "Anarchical Fallacies: Being An Examination of The Declaration of Rights Issued During the French Revolution", in *Nonsense upon Stilts: Bentham, Burke and Marx on the Rights of Man*, ed. J. Waldron (Routledge, 1988).

_____., "Supply without Burthen or Escheat Vice Taxation: Being a Proposal for a Saving of Taxes by an Extension of the Law of Escheat: Including Strictures on the Taxes Collateral Succession, Comprised in the Budget on 7th December, 1795", in *Nonsense upon Stilts: Bentham, Burke and Marx on the Rights of Man*, ed. J. Waldron (Routledge, 1988).

Bodenheimer, E., (이상면 옮김), 『법철학개론』 (법문사, 1990).

Brandt, R. B., "The Concept of Moral Right and its Function", *The Journal of Philosophy 80* (1983).

Buchwald, D., "Konflikte zwischen Prinzipien, Regeln und Elemente im Rechtssystem", in *Regeln, Prinzipien und Elemente im System des Rechts*, ed. B. Schilcher & P. Koller (Verlag Osterreich, 2000).

Burke, E., "Reflections on the Revolution in France", in *Reflections on the Revolution in France*, ed. F. M. Turner (Yale University Press, 2003).

Campbell, T., *Rights: A Critical Introduction* (Routledge, 2006).

Duguit, Léon., (이광윤 옮김), 『일반 공법학 강의』 (민음사, 1995).

Dunne, T., & Schmidt, B. C., "Realism", in *The Globalization of World Politics: An Introduction to International Relations*, ed. J. Baylis, S. Smith & P. Owens (Oxford University Press, 2008).

Durkheim, E., *Moral Education: A Study in the Theory and Application of the Sociology of Education*, ed. K. W. Everett & H. Schnurer (Free Press, 1973).

Dworkin, R., *Taking Rights Seriously* (Harvard University Press, 1978).

_____., (장영민 옮김), 『법의 제국』 (아카넷, 2004).

Feinberg, J., *Rights, Justice, and the Bounds of Liberty: Essays in Social Philosophy* (Princeton University Press, 1980).

_____., "In Defence of Moral Rights", *Oxford Journal of Legal Studies 12* (1992).

_____., "The Nature and Value of Rights", in *Rights*, ed. C. Nino (New York University Press, 1992).

_____., (문창옥 옮김), 『사회철학』, (종로서적, 1992).

Finnis, J., *Natural Law and Natural Rights* (Clarendon Press, 1980).

_____., *Fundamentals of Ethics* (Clarendon Press, 1983).

Freeden, M., *Rights* (University of Minnesota Press, 1991).

Freeman, M., *Human Rights: An Interdisciplinary Approach* (Polity Press, 2002).

Gewirth, A., "Are Utilitarianism Justify Any Moral Rights?", in *Rights and Duties. v. 2, Rational Foundations of Rights and Duties*, ed. C. Wellman (Routledge, 2002).

_____., "The Epistemology of Human Rights", in *Human Rights*, ed. E. P. Paul, J. Paul & F. D. Miller (Oxford University Press, 1984).

Greene, R. A., "Instinct of Nature: Natural Law, Synderesis, and the Moral Sense", in *Journal of the History of Ideas 58* (1997).

Habermas, J., *Faktizität und Geltung: Beiträge zur Diskurstheorie des Rechts und des demokratischen Rechtsstaats 4. Aufl.* (Wissenschaftliche Buchgesellschaft, 1994).

Hacker, P. M. S., "Egocentric Predicament Revised", in *Rights and Reason: Essays in Honor of Carl Wellman*, ed. M. Friedman, L. May, K. Parsons & J. Stiff (Kluwer Academic Publishers, 2000).

Hare, R. M., *Moral Thinking: Its Levels, Method and Point* (Oxford University Press, 1981).

Hart, H. L. A., "Bentham on Legal Rights", in *Oxford Essays in Jurisprudence*

2nd series, ed. A. W. B. Simpson (Clarendon Press, 1973).

_____., *Essays on Bentham: Studies in Jurisprudence and Political Theory* (Oxford University Press, 1982).

_____., *Essays in Jurisprudence and Philosophy* (Oxford University Press, 1983).

_____., "Are There Any Natural Rights?", in *Theories of Rights*, ed. J. Waldron (Oxford University Press, 1984).

_____., (오병선 옮김), 『법의 개념』 (아카넷, 2001).

Hohfeld, W. N., "Some Fundamental Legal Conceptions as Applied in Judical Reasoning", in *Yale Law Journal 23* (1913 − 1914).

_____., "Fundamental Legal Conceptions as Applied in Judical Reasoning", in *Yale Law Journal 26* (1916 − 1917).

Holmes, S., & Sunstein, C. R., *The Cost of Rights: Why Liberty Depends on Taxes* (W. W. Norton, 2000).

Ishay, M., (조효제 옮김), 『세계인권사상사』 (도서출판 길, 2005).

Jones, P., *Rights* (Macmillan, 1994).

Kamm, F. M., "Conflicts of Rights: Typology, Methodology, and Nonconsequentialism", *Legal Theory 7* (2001).

_____., "Rights", in *The Oxford Handbook of Jurisprudence and Philosophy of Law*, ed. J. Coleman & S. Shapiro (Oxford University Press, 2002).

Kaufmann, A., (김영환 옮김), 『법철학』 (나남, 2007).

Klosko, G., "Presumptive Benefit, Fairness, and Political Obligation" in *The Duty to Obey the Law*, ed. W. A. Edmunson (Rowman & Littlefield Publishers, 1999).

Koller, P., *Theorie des Rechts: eine Einfuehrung* (böhlauWien, 1997).

Kramer, M. H., Simmonds N. E., & Steiner, H., *A Debate Over Rights: Philosophical Enquiries* (Oxford University Press, 1998).

_____., "Rights Without Trimmings", in *A Debate Over Rights: Philosophical Enquiries* (Oxford University Press, 1998).

Kramer, M. H., "On the Nature of Legal Rights", *Cambridge Law Journal*

59 (2000).

Locke, J., (강정인 · 문지영 옮김), 『통치론: 시민정부의 참된 기원, 범위 및 그 목적에 관한 시론』 (까치, 1996).

Lyons, D., Rights, *Welfare, and Mill's Moral Theory* (Oxford University Press, 1994).

MacComick, N., *Legal Right and Social Democracy: Essays, in Legal and Political Philosophy* (Oxford University Press, 1982).

MacDonald, M., "Natural Rights", in *Theories of Rights*, ed. J. Waldron (Oxford University Press, 1984).

Mackie, J. L., "Can There Be a Right – Based Moral Theory?", in *Theories of Rights*, ed. J. Waldron (Oxford University Press, 1984).

Marmor, A., "On the Limits of Rights", *Law and Philosophy 16* (1997).

Maslow, A. H., (정태연 · 노현정 옮김), 『존재의 심리학』 (문예출판사, 2005).

Montague, P., "Two Concepts of Rights", *Philosophy and Public Affairs 9* (1980).

Nino, C., *Rights* (New York University Press, 1992).

Nozick, R., *Anarchy, State, and Utopia* (Basic Books, 1974).

Paine, T., (박홍규 옮김), 『상식, 인권』 (필맥, 2004).

Rawls, J., *Political Liberalism* (Columbia University Press, 1996).

_____., *A Theory of Justice revised edition* (Harvard University Press, 1999).

Raz, J., *The Authority of Law: Essays on Law and Morality* (Clarendon Press, 1979).

_____., "Legal Rights", *Oxford Journal of Legal Studies 4* (1984).

_____., "On the Nature of Rights", *Mind XCIII* (1984),

_____., "Right – Based Moralities", in *Theories of Rights*, ed. J. Waldron (Oxford University Press, 1984).

_____., *The Morality of Freedom* (Oxford University Press, 1986).

_____., *Ethics in the Public Domain: Essays in the Morality of Law and Politics* (Oxford University Press, 1994).

Rousseau, J. J., "Discourse on the Origin and Foundations of Inequality among Men", in *Rousseau's Political Writings*, ed. A. Ritter & J. C. Bondanella (W. W. Norton & Company, 1988).

_____., "On Social Contract or Principles of Political Right", in *Rousseau's Political Writings*, ed. A. Ritter & J. C. Bondanella (W. W. Norton & Company, 1988).

Scanlon, T. M., "Rights, Goal and Fairness", in *Rights*, ed. C. Nino (New York University Press, 1992).

Shue, H., *Basic Rights: Subsistence, Affluence, and U.S. Foreign Policy 2nd edition* (Princeton University Press, 1996).

Simmonds N. E., "Rights at the Cutting Edge", in *A Debate Over Rights: Philosophical Enquiries* (Oxford University Press, 1998).

Steiner, H., "The Natural Rights to Equal Freedom", *Mind LXXXIII* (1974).

_____., *An Essay on Rights* (Blackwell, 1994).

_____., "Working Rights", in *A Debate Over Rights: Philosophical Enquiries* (Oxford University Press, 1998),

Stoljar, S., *An Analysis of Rights* (Macmillan, 1984).

Strauss, L., (홍원표 옮김), 『자연권과 역사』 (인간사랑, 2001).

Sumner, L. W., *The Moral Foundation of Rights* (Clarendon press, 1987).

_____., "Rights, Interest and Free Speech", in *Rights and Reason: Essays in Honor of Carl Wellman*, ed. M. Friedman, L. May, K. Parsons & J. Stiff (Kluwer Academic Publishers, 2000).

Thomson, J. J., *The Realm of Rights* (Harvard University Press, 1990).

Tuck, R., *Natural Rights Theories: Their Origin and Development* (Cambridge University Press, 1979).

Waldron, J., *Theories of Rights* (Oxford University Press, 1984).

_____., *Nonsense upon Stilts: Bentham, Burke and Marx on the Rights of Man* (Routledge, 1988).

_____., *The Right to Private Property* (Oxford University Press, 1988).

_____., *Liberal Rights: collected papers, 1981－1991* (Cambridge University

Press, 1993).

Wellman, C., "Upholding Legal Rights", *Ethics* 86 (1975).

_____., *A Theory of Rights: Persons Under Laws, Institutions, and Morals* (Rowman, 1985).

_____., (김만두 옮김), 『복지권론』 (홍익재, 1989).

_____., *Real Rights* (Oxford University Press, 1995).

_____., *An Approach to Rights: Studies in the Philosophy of Law and Morals* (Kluwer Academic Publishers, 1997).

_____., *The Proliferation of Rights: Moral Progress or Empty Rhetoric?* (Westview Press, 1999).

김정수

▌약 력

　연세대학교 법과대학 법학사
　연세대학교 대학원 법학석사
　현재 연세대학교 대학원 법학과 박사과정

▌주요 논문

　"최종적인 근거 지움의 문제에 관하여: 선험화용론의 관점에서",『법학연구』제17권 제4호,
　2007. 12, 연세대학교 법학연구소(등재후보지)

초판인쇄 | 2009년 10월 26일
초판발행 | 2009년 10월 26일

지은이 | 김정수
펴낸이 | 채종준
펴낸곳 | 한국학술정보㈜
주　소 | 경기도 파주시 교하읍 문발리 파주출판문화정보산업단지 513-5
전　화 | 031) 908-3181(대표)
팩　스 | 031) 908-3189
홈페이지 | http://www.kstudy.com
E-mail | 출판사업부　publish@kstudy.com
등　록 | 제일산-115호(2000. 6. 19)

ISBN　978-89-268-0489-6 93360 (Paper Book)
　　　 978-89-268-0490-2 98360 (e-Book)